創造の心で
宇宙は
進化する

ドクター・中松
クリエイティブパワー

CREATIVE POWER
Dr. NakaMats

創造の心で宇宙は進化する

ドクター・中松　クリエイティブパワー

CREATIVE POWER

ドクター・中松（中松義郎 博士）
Dr.NakaMats

まえがきにかえて

なぜ、発明の価値を尊重するアメリカや諸外国で仕事をしないで、発明の価値があまり評価されない日本で仕事をするのか、と質問されることが数多くあります。その理由は単純です。私は日本人だからです。

アメリカや海外のほうが発明をしやすい環境だから移住するというのは、国を捨てる人、愛国心のない人で、個人の利益を優先している人。私はいつも国家の利益を優先して考え、発明を通じて日本のため、そして、世界のために役立ちたいと思っています。

2010年3月に発刊された『「宇宙の法」入門』（幸福の科学出版）という書籍のなかで、幸福の科学グループ創始者兼総裁である大川隆法先生を通じて、古代メソポタミア文明の研究者であるゼカリア・シッチンという方の守護霊から、私が宇宙から来たニビル星人だということが語られました。

同書によるとニビル星人は、「人類の進化に非常に役立つ超天才として、あたかも地球人がイノベーションをしたように見せ、わからないようなかたちで、地球の文明をやや引っ張っている」というのです。私は地球で普通に生まれて生活していますので、まさか、自分が宇宙人だなんて思いもよりません。

ただ、どうして私が発明という割に合わない仕事をやっているのだろうと思うことはしばしばあります。とくに日本人は発明を信用しませんし、まるで奇人変人扱いで、結果として報われないことが多いのです。

２０１０年、私は82歳になりますが、友人や現役を退いた知人の多くは、みな楽隠居をして残りの人生を満喫しています。私はといえば、いまだに徹夜して発明に努力しています。

発明についても自分の意思でやっているというよりは、天からの指令を受けて、動かされているのではないかという感覚です。苦しんで考えるのではなく、ひらめきは突然やってきます。それは数式やビジュアルですが、夜中の12時から朝の4時のゴールデンタイムには、高い頻度でそういう何かがよく来ますので寝ていません。82歳を迎えてもまだ、発明できることは自分でも驚いています。

ですから、生まれてこのかた天からの指令を受けて、世の中をよくするために発明を通じて地球の進化に貢献している。事実そう確信していますから、私が宇宙人であるとしたら理屈が通りますね。また、1991年には米国のコロラドスプリングスで、実際に宇宙人とも遭遇しました。その経緯については、機密事項であるため口外しないという約束があり、詳しく述べることはできませんが、お友だちに会ったということでしょうか（笑）。

さて今、日本は危機の真っただ中にあると思います。財政も破綻寸前で、政治家も先行きが見えず、ただ右往左往するばかり。GDP（国内総生産）は隣国に追い抜かれようとしても、何ら有効な手も打てません。

また、日本は世界で有数のエネルギーと資源の消費国ですが、日本固有のエネルギーや資源はとても脆弱で、諸外国からの輸入に頼っているのが現状です。そのような時代だからこそ、ゼロから新しい価値を生み出す「創造」が必要なのです。

本書では、創造によってもたらされる繁栄する未来を願いつつ、創造の心を私の経験を通じて述べたつもりです。創造の力を結集して、地球を進化させようではありませんか。日本がこの〝クリエイティブパワー〟で、不死鳥のごとく蘇り、世界をリードする一流の国へ再浮上することを願ってやみません。

ドクター・中松

ドクター・中松
クリエイティブパワー

目次

目次

まえがきにかえて……2

第1部　創造のニューフロンティアを拓け

第1章　創造の時代がやってきた

1　創造のフロンティアは宇宙にある……18

2　産業を興す創造の力……21

第2章　空をめざしつづけた創造人生
1　5歳のときから空をめざす……26
2　東大でも航空機を研究……28
第3章　宇宙時代の到来に向けて
1　宇宙エネルギーによる産業革命……32
2　防衛革命は「ミサイルUターン方式」……36
3　高速飛行体による交通革命……44

第2部　創造のための50の心得

第1章　創造に先立つマインド

創造の心得1　創造のエネルギーは〝愛〟……50
創造の心得2　寛容さを身につける……53
創造の心得3　感謝する心……56
創造の心得4　ネバーギブアップの精神……58
創造の心得5　本分をわきまえる……60
創造の心得6　宗教心を尊重する……62

第2章　創造のためのスタンス

創造の心得7　金儲けだけを考えている人に金持ちはいない……65
創造の心得8　人にお金を貸すときの教訓……67
創造の心得9　心を鍛えている人は、目が違う……69
創造の心得10　ビジネスエリートはブンジニアをめざせ……71
創造の心得11　教育とは本人のやる気を引き出すこと……74

第3章　創造を生み出す習慣

創造の心得12　頭のなかのカンバスを真っ白に……76
創造の心得13　スジ・ピカ・イキがセオリー……79
創造の心得14　フリーダム・オブ・インテリジェンス……82

創造の心得15　最新の情報は海を越えて取りに行く……84
創造の心得16　五感、六感、そして第七感……86
創造の心得17　「観察力」が発明に結びついた涙の物語……88
創造の心得18　人生の時間は一分一秒まで使い切る……91
創造の心得19　企業の将来を決めてしまう
タイムベース・マネジメント……94
創造の心得20　継続力と体力が成果につながる……96

第4章　創造への刺激

創造の心得21　年をとることは素晴らしいこと……99
創造の心得22　君はエキサイトしているか……101

創造の心得23　遠近法で物事を見る……103
創造の心得24　語学力によって開けてくるもの……106
創造の心得25　チャンスの女神を見逃すな……108
創造の心得26　並行仕事とチャンネルの切り替え……110
創造の心得27　さあ、メモを取れ！　ただちに行動せよ……112
創造の心得28　中松経はアイデア創造のプロセス……114

第5章　創造と逆境

創造の心得29　抵抗勢力に対するエンパワー……117
創造の心得30　目の前に宝の山が積まれている……119
創造の心得31　決め台詞を言ってはいけない……121

創造の心得32　撰難楽とは何か……123
創造の心得33　ナンバー1をめざそう……125
創造の心得34　日本でベンチャー・ビジネスが育たない理由……127

第6章　創造に向かう精神的態度

創造の心得35　不況こそチャンスとしてとらえる……130
創造の心得36　病気をコントロールして休日にシフトする……133
創造の心得37　学問のすすめとストレス対策……135
創造の心得38　自分の足で地面にしっかりと立つ……137
創造の心得39　和して同ぜず……140

第7章　創造と幸せの確かな関係

創造の心得40　創造は感動から生まれる……142
創造の心得41　創造を志す人は運がいい……145
創造の心得42　ユーモアは周りを和ませ、自分も元気になる……147
創造の心得43　人のために損得を考えない生き方もある……149
創造の心得44　正しいことはやがて理解を得られる……152
創造の心得45　真面目さと素直さの二つがあれば成功する……154
創造の心得46　反省できる人間が創造できる……156

第8章　創造の神秘

創造の心得47　科学は世の中の1％しか解明していない……158
創造の心得48　地球は宇宙の一部である……160
創造の心得49　最後にピカの正体を明かそう……162
創造の心得50　神仏の臨在、ひらめきの瞬間……164

第1部

創造のニューフロンティアを拓け

第1章　創造の時代がやってきた

1　創造のフロンティアは宇宙にある

私は、これからの新しい時代を創造するにあたって、キーワードになるのは「宇宙」だと考えています。

人は誰しも「いったい、この大宇宙や世の中はどのように成り立っているのだろう」と、一度は首をかしげて考えたことがあると思います。しかし、今もって科学者たちにもわかっていません。わからないのですが、想定することは可能です。

宇宙はもともとホモジニアス（均質）な状態でした。ところがある瞬間、その均質な状態が破れた。そのときがこの世界の始まりです。したがって、均質だったものから非均質になった宇宙そのものが、クリエイション（創造）を続けている状態なのです。私は発明を通じて創造することの価値を示してきましたが、宇宙そのものが創造によってもたらされたのです。

そのようにしてできた地球上で、人類は、電話や飛行機などさまざまなものを創造してきました。人類もまた、創造された存在であると推測されます。ですから創造が止まったとき、文明は逆戻りしていくことになるのです。

地球は、宇宙の一部です。ですから宇宙を知らずして本来、人生を送ることなどできません。「地球以外に生き物はいない」と断定している科学者は、真の科学者とはいえないのです。

近年、地球によく似た条件の新しい星が見つかり、宇宙空間にはアミノ酸などの有機構造体も発見され、生命体の発見の可能性は高まりつつあります。また、太陽ほどの大きさの恒星を回る惑星（太陽系外惑星）も発見されました。宇宙に関する研究は、時々刻々と進歩しています。科学者たちも、まだ解明されていない未知の部分を謙虚に受け止め、日々、進歩をめざしていかなければならないのです。

これからは宇宙こそが、創造のフロンティアです。宇宙で起こっているさまざまな現象について新しい知識を獲得し、新しい創造を通じて未踏の世界を開拓することは、必ずや未知へのフロンティアとして次世代を担う若者たちをはじめ、すべての人類に夢と希望をもたらすことでしょう。

2　産業を興す創造の力

創造のために必要とされるものは、時代の一歩先を見すえる先見性です。これからの日本は、かつてコピーキャットと揶揄《やゆ》されたような〝ものまね〟をする立場から、新しいものを発明、創造していかなければなりません。

ただ、実際の発明から現実にその発明品が使われるようになるまでには、相当な時間がかかるということを知っていなくてはなりません。

たとえば、私が発明した「フロッピーディスク」はＩＢＭへライセンスしていますが、日本人がこの発明の価値を認識するまでに25年の歳月がかかりました。また、フロッピーディスクの発明と同時に、私はＨＤ、ＣＤ、ＭＤ、

ＤＶＤも発明しました。これらは同じ原理なのです。共通するのは、記録ヘッド再生素子（音を再生するための部品）と媒体（ディスク）の発明であり、直線型に記録するテープと違い、面積型に記録再生するという発明によって製品化されています。フロッピーディスクとＭＤの場合は磁気によって、ＣＤ、ＤＶＤの場合は光によって再生するのです。

航空機の「ノーズコーン」も私の発明です。工場で試作し、航空機メーカーに技術供与して、アメリカとの共同開発で製造した戦闘機に採用されました。この新素材の発明は、非常に困難なものでした。

機首にはレーダーが搭載されていますので、ジュラルミン製だと電波を通しません。通常のプラスチックだと衝撃加速度「Ｇ」によって破損してしまいます。鉄を原料にすると、重量オーバーになってしまう。

つまり軽い素材で電波を通し、しかも衝撃に強いという条件を満たした新素材なのです。この素材は、軽くて衝撃に強いということで、「フライングシューズ」の発明に応用しましたが、一般的には形を覚えて元に戻るという性質から、形状記憶プラスチックの発明です。これをワイシャツの襟に入れると、洗濯しても襟が崩れず、繊維に織り込むと形状記憶シャツとなるのです。空調機器で風向きを自動的に調整する羽根に応用されると形状記憶金属の発明になります。

ノーズコーンの発明は１９６３年、私が35歳のときです。その10年後にフライングシューズ、そして形状記憶プラスチック、形状記憶金属を発明しました。

私の発明第一号は、５歳のときの「自動重心安定装置」ですが、特許第一号は14歳のときに発明した「無燃料暖房装置」です。これも世間に知られるまでに長い時間がかかりました。

このときは、ちょうど第二次世界大戦の最中で、燃料は極端に欠乏していました。暖房もなく、寒さに凍えながら必死に勉強しました。周りを見渡しても暖房に使える素材ものは何もない〝ないないづくし〟。しかし、ふと思い浮かんだのが空気の存在でした。空気ならふんだんにあります。そこから私は空気の特性に関する知識を猛勉強し、空気を急激に圧縮すると熱が出るという理論から「無燃料暖房装置」が生まれました。

この発明は、最近になってよく知られるようになった「エコキュート」です。エコキュートは、ガスも電熱ヒーターも使わずお湯を沸かすという仕組みです。割安な深夜電力を使うことで、経済効率のいい温水暖房システムとして普及しています。エコキュートは、実に63年目にして世の中に認知されたのです。

このように一つの原理や素材の発明は、非常に長い時間をかけて、さまざまな産業分野に波及します。しかし、それがひとたび広がれば、膨大な人数の雇用を生み出す一大産業の興隆に結びつく可能性があります。まさにこれが創造の力なのです。

ですから、私たちは長期的な視野に立って10年後、20年後、そして100年後の未来のために、創造力を鍛えていかなければならないのです。いわんや次世代が宇宙の時代であるならば、なおのこと長期的な視点が必要になってきます。

第2章　空をめざしつづけた創造人生

1　5歳のときから空をめざす

実は私は、これまでも「宇宙」に関しては、長い時間をかけて研究してきています。

私が大空や宇宙への憧憬を抱いたきっかけは、飛行機に夢中だった5歳のときにさかのぼります。第二次世界大戦当時、幼い頃から飛行機が興味の的でした。周りの子どもたちは興味もそこそこにメンコやベーゴマで遊んでいましたが、私はひたすら飛行機をつくったり、飛ばしに行ったりすることで

終日過ごしました。
5歳にして模型飛行機のマニアとして、大きな板からプロペラや翼型など小さな部品を削り出すことから始め、全部手づくりです。大人に混じって高い性能を競争する模型飛行機の大会に参加するごとに、より高い完成度を求めた私は、機体の重心が微妙に崩れるということに気がつきました。そのとき、どの方向から風が吹いても風鈴の鈴が縁

に当たる部分は一定しているというひらめきをヒントに、模型飛行機の胴体に風鈴のように錘《おもり》をつけた「自動重心安定装置」をつくりました。それが、私の発明第一号です。

やがて夢はふくらみ、離陸するときに脚が引っ込む世界初の飛行機や潜水艦に翼をつけた水中飛行機などを発明しました。完成したときの喜び、感動は鮮明な記憶として私のなかに残っています。

2　東大でも航空機を研究

成長してからもずっと、飛行機をつくりたいと思っていました。私が海軍機関学校（後に海軍兵学校と併合）に入ったのも、東京大学工学部に入学したのも、飛行機をつくりたかったからです。

海軍機関学校は、海軍航空機のエンジニア幹部学校です。機関学校に入学する以前に、私はすでに100機を超える飛行機のモデルを設計し、模型をつくっていました。当時はゼロ戦や紫電改という飛行機が最新鋭でしたが、それらはスイフトウィング（後退翼、デルタ翼）ではありません。後退翼というのは、翼を左右に直線上に伸ばしたものではなく、上から見ると三角形に見える翼です。

模型による飛行実験の結果からスイフトウィングの性能の高さを発見していた私は、アメリカが開発する以前に帝国海軍にスイフトウィング機の採用を提案しました。しかし、残念ながら終戦によってそれが戦闘機として形になることはありませんでした。しばらくして、アメリカでスイフトウィングの戦闘機が誕生したときは、ずいぶんと悔しい思いをしたものです。

私は東京大学工学部で、とくに環境に重要な地球システム工学を研究しました。資源やエネルギーの開発利用や、宇宙規模の未知のフロンティアに挑戦するというダイナミックな先端科学です。

第二次世界大戦後の日本は、ＧＨＱ（連合国軍総司令部）から飛行機の開発を全面的に禁止されました。それでも私は飛行機をあきらめることはできず、東京大学航空研究会を発足させ、自ら会長を務め研究を続行しました。

そこに集まった５人のメンバーのうち２人が富士重工に就職して、航空機の機体とエンジンの開発に携わりました。そして、もう一人が東大に残って航空学科の主任教授になったのです。彼らの後輩や教え子たちが、戦後日本のジェット機を生み、ロケットを生み、航空産業の興隆に寄与したことはいうまでもありません。

私の就職は当時、日本の企業のなかで唯一、航空機課という部署のあった三井物産に決めました。アメリカからの技術ライセンスで川崎重工や富士重工を通じて飛行機の国産化をしたのです。

叔父が三井財閥のトップにいたこともあって、三井物産の航空機課から業務部、参謀本部に配属された私は、現在の全日空（ＡＮＡ）の前身である日本ヘリコプター輸送株式会社の設立にも関わりました。また、エネルギーの分野では、三井財閥復活のため日本原子力事業株式会社の設立も行いました。

このように、戦後の日本における航空機やエネルギー産業の黎明期《れいめいき》に役割を担ってきたという経歴を軸として、現在、私の視点は次世代の宇宙へと向けられているのです。

第3章　宇宙時代の到来に向けて

1　宇宙エネルギーによる産業革命

宇宙には太陽と同じような恒星が無数に存在します。ですから、太陽だけが地球にエネルギーを供給しているのだと考えること自体、不思議ではありませんか。

岐阜県神岡町に東京大学宇宙線研究所、通称「スーパーカミオカンデ」という施設があります。そこでは神岡鉱山の地下に水を溜め、測定器を設けて宇宙から飛んでくる粒子の質量を測定しています。観測の結果、宇宙線が検出され、宇宙からのエネルギーの存在が確認されました。なかには地上の加速器でつくり出せる1億倍のエネルギーをもつ宇宙線も数例観測されています。

1998年、宇宙エネルギーによる「バーチャル・パーペチュアル・エンジン」、通称「ドクター・中松エンジン」の米国特許認可を取得しました。この新しいエンジンは、宇宙エネルギーによって駆動しています。宇宙エネルギーは目に見えませんから、見かけ上はガソリンもバッテリーも使わず、仮想永久機関として駆動するのです。

このエンジンの原理を応用したのが、「ドクター・中松ハウス」です。建物を覆っている黒い壁面全体がアンテナの役割を果たし、宇宙から飛来するエネルギーを吸収して電気と熱を直接発電し、暖房や生活に必要なテレビや洗濯機などの家電製品を動かしています。建坪1600坪のここには集会所やゲストハウス、中松寺《ちゅうしょう》、研究所、事務所、倉庫、ライブラリーがありますから、相当な規模のエネルギーを宇宙からのエネルギーと私が発明した風力発電によって賄っています。

この宇宙エネルギーを応用しようという発明をDNPP、ドクター・中松パワープラント構想と名づけました。つまり、この宇宙エネルギーによる電力システムを、スマートグリッドという電力の流れを供給側と需要側の両方から制御し最適化する送電網を、新しい発電所としてつくるのです。

今までのようにダムや発電所をつくる必要もなくなり、大規模な送電線も必要ありません。日本中に普及すれば電力不足も解消され、原子力や環境問題も一気に解決することでしょう。

さらにＤＮＶＰ、ドクター・中松ベジタブルプラントは、農業そのものの概念を変える画期的な発明システムです。最近になって野菜工場が各地に出現していますが、私はすでに30年前に発明していました。

このプラントでは、今までのように土を耕すことなく、自動で安く米や野菜をつくることができます。若い人たちが嫌がる泥にまみれて汚いという農業のイメージを払拭した、最先端の技術による食料増産計画です。

現在、各地で運用されている野菜工場はまだ生産コストが高いため、苦しい経営を強いられていると聞いています。ＤＮＶＰに使用するのは宇宙エネルギーですから、プラントそのもののランニングコストを飛躍的に引き下げることが可能だといえます。およそ50年前、73％あった日本の食料自給率は今や41％まで下がり、防衛上もすでに危険水域。通常のソーラーシステムとは違い、天候に左右されることのない宇宙エネルギーは、社会構造そのものを変革する力があるのです。

２　防衛革命は「ミサイルＵターン方式」

米国オバマ大統領は、新宇宙政策のなかで、２０３０年までに火星への有人飛行をめざすという計画を発表しました。中国政府も１９９２年から有人宇宙飛行計画を実施しています。

日本は今こそ、優れた技術力を背景として、宇宙へのフロンティアを国家プロジェクトとして進めるべきです。宇宙開発で日本がイニシアチブを取ることは、防衛という観点からも抑止力としての効果が期待されます。

私は2009年の衆議院議員選挙において、幸福実現党の特別代表として立候補しました。その理由の一つは、現在の防衛技術をもう一歩進めておかなければ、日本が他国に侵略されて窮地に立たされるという懸念が、幸福実現党の政策と一致したからに他なりません。

実際に、ミサイルによる攻撃が現実味を帯びてきています。北朝鮮は、すでに日本海に何発ものミサイルを撃ち込み、日本の上空を飛び越えて太平洋まで着弾させました。日本にミサイルが飛んでくるというのは、もはや夢物語ではなく現実の話です。日本はこうした危機に対して、どのような体制で臨んでいるのでしょうか。

日本の自衛隊には陸、海、空がありますが、ミサイル専門部隊はありません。憲法上、敵を攻撃するミサイルをもてないのです。以前、北朝鮮のミサイルが発射された際、陸上自衛隊がアメリカ製のパトリオットミサイルを東京から秋田まで運んで備えつけるという緊迫した事態が発生しました。

パトリオットミサイルは日本製ではありません。ですから、日本の国防を外国製の武器に頼るということは、その補充や修理、製造すらできない上に、製造したものをチェックできないのです。すべてがブラックボックスで、運用は極めて不安定です。また、運用できたとしても、果たしてパトリオットが北朝鮮のミサイルを撃ち落とすことができるでしょうか。

迎撃ミサイルの基本原理は、発射されたミサイルを感知して、ミサイルの軌道を計算し、その軌道に照準を合わせてミサイルを発射するというものです。しかし、音より速く飛ぶ敵ミサイルを音より速く飛ぶ味方のミサイルでぶつけるということは、ほぼ不可能です。西部劇で悪漢の撃ったピストルの弾を狙って保安官が引き金を引いても、相手の弾には当たりません。

以前、アメリカがハワイ沖で実施したミサイル迎撃実験は、あらかじめ発射時刻や軌道などの条件を設定したものに当てたのです。しかし、どこからともなく突然撃たれるミサイルの軌道を確認し、それを爆破するというのは至難の技です。前回、自衛隊は形式ばかりのパトリオット配備でしたが、それだけでも莫大な私たちの税金を使い、しかも効果を約束できないというのが現状です。

私の創造の理論は、「一スジ、二ピカ、三イキ」です。つまり「高度な論理、従来の延長でない発想、実用化」に従って、あらゆる可能性を一つひとつ検証しました。「スジ」を検証すると、超音速のミサイルを迎撃するのは不可能に近く、結果として着弾してしまいます。

ミサイルの制御装置には、「慣性誘導」と「ホーミングシステム」の二つがあります。ミサイルは通常、この二つの制御システムに着弾目標地点をプログラムして発射してきます。この制御システムを活用するのが、ミサイルＵターン方式の「スジ」「ピカ」なのです。

ミサイルが発射された場合、まず日本の衛星でその飛行軌道や位置を割り出します。そこでミサイルが搭載されている制御システムをミサイルのタイプに応じて音波や電磁波、レーザー、光、熱波、あるいはガンマ線などの信号を送り、その信号によってミサイルの方向を１８０度回転させてＵターンさせるのです。そのＵターン信号を人工衛星、または海上のイージス艦、あるいは日本本土から発信するのです。

左頁の数式は、実際にミサイルがＵターン可能であるということを証明す

$$\frac{V_O{}^2}{2}+\left\{\frac{V_O}{\sqrt{2}}-g(t'+\xi)\right\}^2=\left[V_O{}^2\omega^2\theta_O{}'+(V_O{}'\cdot\sin\theta_O{}'-g't)^2\right]$$

$$\tan\theta_2 = V_1\sin\theta_1/(V_1\cos\theta_1-2g\eta/V_1\sin\theta_1)=\frac{V_1{}^2\sin\theta_1}{V_1{}^2\sin\theta_1\cdot\cos\theta_1-2g\eta}$$

$$\left\{V'_O\cdot\sin\theta_O-\frac{V_O}{\sqrt{2}}-g\xi\right\}\frac{(V_O/\sqrt{2}\cdot\xi-\eta)}{(V_O{}'\cdot\cos\theta_O{}'-V_O/\sqrt{2}}=\frac{V_O}{\sqrt{2}}\xi-\frac{g}{2}\xi^2$$

$$\Delta\phi=\frac{\frac{g\cdot T\cdot\Delta t}{W\cdot V}\sin\left[\theta+\frac{\Delta Q}{2}-\phi\right]}{1+\frac{g\cdot T\cdot\Delta t}{2W\cdot V}\cos\left[\theta+\frac{\Delta Q}{2}-\phi\right]}$$

る方程式、つまり「スジ」です。

高等数学ですから、かなり勉強した方でも難しいと思われますが、この理論は東京大学の航空工学科出身の教授や防衛省関係者らが精査した上で、理論上正しいと確認して、私が設立し、会長を務める東大航空研究会で発表し、「東大新聞」に掲載されました。

実際、その新聞を読まれた当時の航空自衛隊の幕僚長から説明の要請を受けました。後日談として当時の防衛大臣からは直接、「ミサイルUターン方式」に予算を計上するという申し出があったことも付記しておきます。

さて、この数式を完成するまで相当な苦労があったのはいうまでもありませんが、発明として完成されるには「イキ」、つまり、日本を防衛できるという体制にしなければなりません。

このミサイルUターン方式なら、軍備をもたないという建前の日本国憲法に違反していませんので、すぐ敵のミサイル攻撃を防ぐことができます。

次に、防衛のためのミサイルを購入することなく、一定の研究費で賄えるため、国民の大切な税金を無駄に使う必要もありません。さらに敵意をもってミサイルを飛ばした国自体が損害を受けるという「自業自得」の理論が成り立ち、日本は国際的な非難を受けることもないはずです。日本が「ミサイルＵターン方式」をもつこと自体が強力な抑止力となるのです。

この「ミサイルＵターン方式」は、さまざまな分野でも応用ができます。たとえば、惑星探査ロケットを打ち上げ、その星を一定期間調査してのち、再び地球へと還ってくるというように設計すればいいのです。開発予算の削減や、宇宙ごみの問題などをクリアする画期的なシステムとして必ず注目されるでしょう。

現在、この「ミサイルＵターン方式」は、さらに精度を上げるための研究を続行中です。

3　高速飛行体による交通革命

私の研究はこれで終わりません。さらに、まったく新しい研究もさまざまに構想しています。

たとえば、新しい交通システムです。高速道路の交通渋滞で、都市圏をはじめとしていったいどれほどの経済損失が出ているでしょうか。日本は、交通インフラを再整備して移動時間を短縮することで、まだまだ経済的に発展する可能性があります。リニアモーターカーも交通革命の一つとして注目されますが、今、私は新たな飛行システムの発明に取り組んでいます。

それは高速飛行体、いわゆるＵＦＯの発明です。私の発明する高速飛行体は、空港や滑走路を必要としません。個人用の規模の大きさだと、ヘリポート程度のスペースがあれば離発着が可能なので、空港利用料はもちろん滑走路が必要ないのです。たとえば、品川から渋谷を直線で飛行すれば車よりも圧倒的に速く移動でき、時間の短縮につながります。

先般のＪＡＬの倒産が象徴していますが、今の日本は航空運賃など交通システムにおける利用料金が高いのではないかと推測されます。その概念を覆すのが発明であり、それは交通革命にも応用できます。

大規模な資金を投じてダムを建設し、一ヵ所からエネルギーを供給する以外に、それぞれを個体として完全分散型でエネルギー供給を完結させるという方法もあります。

その一つである燃料コストを解決するための発明が、水のエネルギー装置

「エネレックス」です。水に目をつけた理由は、日本が水に囲まれた国だからです。原子レベルで解析すると、水はガソリンの約３倍のエネルギーを有していることがわかりました。今までの技術では電気分解するエネルギーのほうが取り出すエネルギーよりも大きいので、エネルギーとして取り出すことができなかったのです。しかし、「エネレックス」を使えば、水を動力として利用することができます。

もう一つは、先述した宇宙エネルギーを利用することです。いずれも燃料費がほとんどかからず、ＮＯｘ（窒素酸化物）などが出ないため地球環境を破壊しません。

まだ、新発明飛行体の研究は緒についたばかりですが、開発に向けての意欲はますますふくらんでいます。

私が人類の進化のために生まれてきたとしたならば、ぜひこうした発明を国家プロジェクトとして生かしていただければ幸いです。

第2部

創造のための50の心得

第1章　創造に先立つマインド

創造の心得①
創造のエネルギーは〝愛〟

私の「創造」は、愛の心から出発しています。

私が14歳のときに発明した灯油ポンプは、母が寒い夜にかじかんだ手でお醤油を一升ビンからお醤油差しの小ビンに移しているのを見て、母に楽をさせたい、親孝行をしたいという一心で、一升ビンを立てたまま中身を移動させる創造に取り組みました。

ところが中学2年生では、どうすればお醤油という液体を自動的に移し替えることができるか、という方法がわからない。そこで、図書館へ熱心に通い詰めて流体に関する原理や理論に取り組むうちに、流体力学を勉強するようになりました。

その後、身の回りにあるものをかき集めて試作品をつくり、試行錯誤を重ねて完成したのが、灯油ポンプの原型となった「お醤油チュルチュル」です。幼い頃に母から受けた愛情が、子どもから母への愛をはぐくみ、そうした愛が創造する大きな背景となる。愛は、創造するための重要で、基本的なエネルギーになっているのです。

また、「創造」には誠意が必要です。モラルという言葉に置き換えられますが、創造は道徳観に基づいて世の中の役に立ち、人々に幸せをもたらすものでなくてはなりません。

ノーベル賞の設立者であるアルフレッド・ノーベルは、戦争の道具として用いられたダイナマイトを売って大儲けをした罪滅ぼしに、人類のために功績をもたらした人に賞金を与える基金を設立しました。

創造だから何を生み出してもいいということではありません。よい創造を出すことで相手が喜び、社会が潤う。人の喜びを自らの喜びとすることが、私の基本的な創造のスタンスであり、人生の糧となる大切なことなのです。

創造の心得②

寛容さを身につける

小学生のとき、ある先生が論語を熱心に教えてくれました。私が論語から学んだ基本的な道徳観は、「親を大切にする」「人を裏切らない」です。そして、「人を裏切らない」ということと表裏一体となっている〝恕《じょ》〟という「寛容な心」を教わりました。人の過ちを許し、自分がされて嫌なことは他人にしないという広い心のことです。

私は一人息子として、大変な愛情をもって育てられました。青白きインテリだった私は海軍機関学校で、遠泳やマラソン、ラグビー、相撲の選手に指名されて、肉体の鍛錬とともに忍耐力や精神力を鍛えられました。今では考えられないことですが、生徒の誰か一人でもミスをすると連帯責任で、起床してから寝るまでに30発くらい殴られたものです。

わずか75センチだった胸囲は４ヵ月足らずで１０４センチになり、肉体だけでなく、同時に忍耐力や精神力が備わりました。その結果として、相手を許すという寛容な心が芽生えたのです。

自分に備わった自信が、相手の行為に対して包み込むような寛容さ、優しさを生む。現代では、武道やスポーツ、稽古事などを通じて肉体や精神、忍耐力を鍛えるということが鍛錬に代わるものかもしれませんが、若い一定の期間、規律ある集団生活をさせるようなシステムがあればよいと思います。

商売においても、寛容さというものは必要です。不景気になると下請けなどの取引相手を叩いて利益を得ようとしますが、それで相手が嫌な気持ちになったり、やる気がなくなったりする。それは相手を思いやる心がないということです。

「三方よし」という言葉は、商才に長《た》けていた近江商人がモットーとする商売の秘訣です。売り手、買い手だけでなく、その取引が社会全体の幸福につながるものでなければならないという意味です。誰にとっても利益があるという状態でこそ、安定したビジネスになるのです。

創造の心得③

感謝する心

皆さんは、電話をかけているときにどのような態度を取っていますか。名刺交換は相手と会って話をする最初の接点ですが、相手に会わないまま最初の接点として電話があります。企業にとって電話はまさに入り口で、電話のかけ方一つで取引が成功するかしないかが決まります。たった一言でも、それによって営業がうまくいって注文に結びつくか、それとも相手を怒らせてしまうかが違ってしまうのです。

では、うまくいく電話のかけ方のコツはあるのでしょうか。それが実は「感謝する心」をもって、電話をかけることなのです。

ふつう、相手には見えないのだから、どんな態度で電話をしてもいいじゃないかと思いますが、不思議なもので受話器の向こうでどのような姿勢で話をしているかというのは、私にはビンビン伝わってきます。

もし、相手に謝罪しなければならないときには、席を立って背中の角度を90度くらい曲げてお辞儀をしながら通話します。姿、形が見えなくても、実際にそのような態度を示すと、それもやはり音声として相手に伝わるのです。

キーワードになるのは「感謝」です。儒学者、朱子も「心がいつも敬の状態にあるならば、身体はおのずと引き締まり、何も意識しなくても、加減しないでも、身体はひとりでにのびのびする」と述べています。相手を敬う心があれば、意識しなくても健康な状態を保てるということです。仕事で使うEメールも、これと同じ心構えで書きましょう。

創造の心得④

ネバーギブアップの精神

私は、新聞記者から意地悪く「失敗したことはありますか」と聞かれたときには、「失敗したことはない」と答えます。その理由は、絶対にギブアップしないという精神があるからです。

発明というのは、ある時点では失敗するのですが、ギブアップせず、それを乗り越える改善を加えて最後には完成させてしまいます。私の場合、最も短いもので10年、長いものでは60年以上の歳月をかけて商品化に結びついています。

また、アイデアも発想の段階から、周囲の総スカンを食らうことがあります。しかし、私は全員が否定することは肯定につながるという理論をもっています。皆がよいと声をそろえるものは誰もが考えるものであり、市場競争力が弱いので、周囲が全否定でもこれを受け止め、真摯に理論や実験データを積み重ねて、その壁を突き破る成果をあげていくダイナミズムがまた愉快なのです。

もし、100%のうちに成功の確率が50%、失敗の確率が50%だとすれば、気の弱い人が失敗へと引っ張られ、気の強い人は成功へと近づきます。ところが、たった5%しか成功の見込みがない場合でも成功することがあります。それはやはり人間の強い意志と努力によって、5%だったものが100%へと成長する可能性があるということです。

その人は5%の成功の確率を推し進め、95%の失敗の確率をゼロにするように努力をするのです。人間の意志とそれに基づく行動力がいかに大切か、おわかりでしょう。

創造の心得⑤

本分をわきまえる

私は三井物産で働いていた時代に、ヘリコプターに搭載して農薬を散布する装置を発明しました。営業マンとしてヘリコプターを販売するのが仕事でしたが、市場が限られていて売れません。

当時、私の月給が６７００円だったときにヘリコプター１機の値段は

2千万円ですから、これほど高いものを売るのは大変でした。そこで、私は東大工学部卒のエンジニアであるという得意分野を生かして、発明した農薬散布装置をヘリコプターに搭載することで、ヘリコプター本体の販売に成功しました。このときの創造の重要なヒントになった「観察力」は、第3章（創造の心得17）で紹介します。

その際、私が守ったことが一つあります。私は営業担当でしたから、新しいシステムの創造は本来の仕事ではありません。そこで、会社に迷惑をかけないように土曜、日曜、そして正月などの休暇を利用して、知り合いの町工場に出かけては農薬散布装置創造のために溶接作業に汗を流しました。

なぜ、会社の通常の時間を使わなかったのかというと、会社には迷惑をかけないという気持ちがあったことと、本来の営業外だったのでリスクは自分が負うべきだと考えたからです。

そんな私を見ていた工場主が私の志に共感してくれて、無償で場所を提供してくれた上に材料をつくるボランティアを買って出てくれました。

このように自分の信念を通して真面目にやれば、人を感動させます。そして、その感動は再び自分に還ってくるのです。

創造の心得 ⑥

宗教心を尊重する

日本には八百万《やおよろず》の神様がいるといわれ、古来よりあらゆるものに対して感謝の気持ちが強い国民でした。昔の日本人は親に感謝し、祖先に感謝し、国に感謝したものです。ところが、最近はどうでしょう。親に感謝するどころか、暴力をふるう子が増えました。まして、自分が住む国に対して感謝の気持ちがある人などあまりいないのではないでしょうか。

私は小さい頃、キリスト教教会の付属幼稚園に通っていました。高校時代はクリスチャンサイエンスという、キリスト教を科学的に考えるところで新聞の編集長をしていました。私はクリスチャンではありませんが、要するに宗教心を尊重することが大切だということをいいたいのです。

科学者のなかには科学万能を唱え、何事も科学的に解決できると思っている人も多いようですが、私は科学はまだ世の中の1％の領域しか解明していないと思っています。未知の領域を探究するためには、精神面が大切だと考えています。

母は、英才教育をする一方で、そうした宗教心を涵養《かんよう》するために私をクリスチャンの幼稚園に通わせたのです。私は母が101歳で亡くなるまで、母に長生きしてほしいと手を合わせ、心からお祈りをしてから就寝することをずっと続けました。それは、戦時中でも、海外にいるときでも欠かしたことはありません。

祈りのような目に見えないものでも、必ず通じるものだと信じています。

料金受取人払郵便

荏原支店承認

1052

差出有効期間
平成24年9月
30日まで
(切手不要)

1 4 2 - 8 7 9 0

4 5 6

東京都品川区
戸越1丁目6番7号

幸福の科学出版(株)
愛読者アンケート係 行

ご購読ありがとうございました。お手数ですが、今回ご購読いただいた書籍名をご記入ください。

書籍名

フリガナ お名前	男・女	歳
ご住所 〒 　　都道府県		
お電話 (　　　) 　－		
e-mail アドレス		
ご職業 ①会社員 ②会社役員 ③経営者 ④公務員 ⑤教員・研究者 ⑥自営業 ⑦主婦 ⑧学生 ⑨パート・アルバイト ⑩他 (　　)		

ご記入いただきました個人情報については、同意なく他の目的で使用することはございません。ご協力ありがとうございました。

愛読者プレゼント☆アンケート

ご購読ありがとうございました。今後の参考とさせていただきますので、下記の質問にお答えください。抽選で幸福の科学出版の書籍・雑誌をプレゼント致します。(発表は発送をもってかえさせていただきます)

1 本書をどのようにお知りになりましたか。

①新聞広告を見て [朝日・読売・毎日・日経・産経・東京・中日・その他 (　　　　)]
②その他の広告を見て (　　　　)
③書店で見て　④人に勧められて　⑤月刊「ザ・リバティ」を見て
⑥月刊「アー・ユー・ハッピー?」を見て　⑦幸福の科学の小冊子を見て
⑧ラジオ番組「天使のモーニングコール」「元気出せ! ニッポン」を聴いて
⑨BSTV番組「未来ビジョン」を視て
⑩幸福の科学出版のホームページを見て　⑪その他 (　　　　)

2 本書をお求めの理由は何ですか。

①書名にひかれて　②表紙デザインが気に入った　③内容に興味を持った
④幸福の科学の書籍に興味がある　★お持ちの冊数＿＿＿＿冊

3 本書をどちらで購入されましたか。

①書店 (書店名　　　　) ②インターネット (サイト名　　　　)
③その他 (　　　　)

4 本書へのご意見・ご感想、また今後読みたいテーマを教えてください。

(なお、ご感想を匿名にて広告等に掲載させていただくことがございます)

5 今後、弊社発行のメールマガジンをお送りしてもよろしいですか。

はい (e-mailアドレス　　　　) ・ いいえ

6 今後、読者モニターとして、お電話等でご意見をお伺いしてもよろしいですか。(謝礼として、図書カード等をお送り致します)

はい ・ いいえ

弊社より新刊情報、DMを送らせていただきます。
新刊情報、DMを希望されない方は下記にチェックをお願いします。

DMを希望しない □

第2章 創造のためのスタンス

創造の心得 7

金儲けだけを考えている人に金持ちはいない

「武士は食わねど高楊枝」という言葉があります。武士の志を表現した言葉で、武士というものは、たとえ貧しくても気位を高くもつという意味です。徳川幕府の直参旗本という武士道精神の強い家系で育った私は、子どもの頃からお金を一切もたせてもらえませんでした。

戦時中は海軍将校として、もちろんお金には無縁で、国家のことしか考えていません。そのせいかお金には無頓着で、仕事を始めてもあまり儲けたいという気持ちはありませんでした。

商品を売買するときは、単にお金を儲けることが目的になってはなりません。「儲」けるという言葉は「信ずる者」と書きます。

二宮尊徳は「道徳を忘れた経済は罪悪であって、経済を忘れた道徳は寝言である」ということを言っています。つまり、売ったほうも買ったほうも喜び、お互いが信じ合えるような関係を築く「商道徳」を守るべきなのです。その一方で、そろばん勘定が立たないのに道徳だけを言っているのは寝言と同じだという。つまり、損得についての勘定がしっかりしていなければ生活できないということで、現実をしっかり見つめなさいということです。

私の創造の精神は、「愛」です。世の発明家といわれる人たちのなかには一攫千金を夢見ている人が大部分ですが、それらの人が成功したという話をあまり聞いたことがありません。相手に喜んでもらいたいという目的を達成した結果として、感謝の気持ちがお金として入ってくるのです。

創造の心得 8

人にお金を貸すときの教訓

アメリカ合衆国の政治家であり、物理学者でもあったベンジャミン・フランクリンの逸話のなかに、人にお金を貸すときの心構えを示唆する内容の手紙があります。

「前略　ここに10ドルを同封します。差しあげるのではありません。お貸しするのです。この金で商売でも始めてください。そしていつか返してくれればいいのです。ただし、返し方に注文があります。今のあなたと同じような境遇の人にあったら、その人にお金を貸してあげてください。そして、その人はまた､別の同じような境遇の人にもお金を貸してあげるという具合に、人の手から人の手へ、いつか悪い人の手に渡って善意の輪が切れてしまうまで、私の10ドルを渡してほしいのです。これが、私のような貧乏な人間が大きな善行を行う秘訣です。あなたの前途に輝かしい未来が開けますように」

私は、友人とのお金の貸し借りは基本的にやるべきではないと思います。もし、貸すとしても、返ってこないというつもりで貸す。返ってくると思うから、友情にひびが入るのです。

フランクリンは、お金は差し上げるつもりで貸すということと、お金は社会福祉に資するものであってほしいという教訓を遺したのです。その意味で、フランクリンの10ドルは、無駄金にならなかったといえるでしょう。

創造の心得 9

心を鍛えている人は、目が違う

信頼を勝ち取るということは、たやすくできることではありません。日本は今、政治不信の真っただ中にありますが、戦前の日本には〝義〟の精神をもった立派な政治家が少なくありませんでした。

義とは正義に基づいて行動をするというほかに、打算や損得から離れるという意味があります。信頼を獲得するには、まず約束を絶対に破らないことです。約束することによって人は期待しますので、その期待を裏切ると信用をなくしてしまいます。ですから、できそうにないことは、たとえ口約束でもしないことです。

私はすでに何万人もの人と会いました。ですから、人相を見れば人間性の善し悪しがわかりますし、話をすれば、その人がどんな人かがよくわかります。心の落ち着きや普段の生活態度は、人相にはっきりと表れるからです。皮膚の色艶、皺、口の形、眉毛の形などが人相を構成しており、それらを総合的に判断します。なかでも目が肝要です。

帝国海軍では将校になる教育は、鋭い目にすることがその第一歩でした。

清らかな、しかしながら物事を見通す鋭い目。実は精神を鍛えていると、自然とそういう目になってきます。相手を見極めるということは重要ですし、その結果として悪い人と関わらないというのも、成功のための条件の一つです。

創造の心得 10

ビジネスエリートはブンジニアをめざせ

世の中というものは元来、文系と理系に分かれているのではなく、渾然《こんぜん》一体のものです。ですから、学問的に文系、理系に分けて勉強させ、さらに細分化するという方法は、その人を不完全なものにしてしまいます。

私は、自然界を構成しているところの文系も理系も両方勉強しなくてはならないと思います。ブンジニアという言葉は私の造語ですが、文系のブンと理系を象徴するエンジニアのことで、文理両方を修得した人を指します。勉強も仕事も、文系、理系の両方を知ってこそ、初めて全体の姿を見ることができるのです。私が工学、法学、医学、理学、人文学と文系、理系にわたって勉強し、博士号を取得しているのもそういう理由からです。

欧米でも、かつてはビジネス全般をそつなくこなすゼネラリストと、より狭い範囲で深く掘り下げるスペシャリストという役割分担がありました。ところがテクニカルレベルも高くなり、世の中の分業化が進むと、社会構造は複雑多岐になりました。ましてや不況の世の中では、勉強も広く、深くしなければビジネスの先が見えません。現代という巨岩に向かっていくには、今までの勉強では歯が立たなくなったのです。

片方の目で物事を見ていては、判断を誤ります。両方の目を大きく見開いて、全体像を立体的に見る必要があります。

つまり、文系の人は理系を、理系の人は文系をというようにトータルで勉強することで、今まで見えなかった新しい世界が見えてくるのです。それは大変な努力と忍耐を必要としますが、その努力に余りある素晴らしい世界を約束してくれるでしょう。

創造の心得 ⑪

教育とは本人のやる気を引き出すこと

探究心を養うためには、小さいときからの教育が大切です。家庭では、お母さんがしっかりしていなければいけないと思います。勉強はすべて学校や塾まかせで、お母さんが勉強に興味がなければ、子どもに期待しすぎるのはかわいそうです。

子どもはお母さんのことをずっと見ていますから、一緒になって勉強の楽しみを教える環境をつくることが大切です。周囲にいる親戚や友だちの存在も重要です。

私の母方の祖父は医者で、創造的な人でした。私が子どもの頃に模型飛行機をつくったとき、胴体の形はどうしてこうなっているのかを子どもの私に質問します。大人がしっかりと質問してくれることで、子どもはその答えについて考え、向学心が芽生えます。エンカレッジする教育、つまり、やる気を引き出すということです。

もし、そうした環境がない場合は、せめて中学生の頃までに優秀な先生と出会うことが望まれます。知的水準が高い先生というのは、子どもの目から見ればわかります。すると、この先生の言うことをしっかり聞こうと思い、勉強が進むのです。

私の小学校時代の先生は、万葉集と論語を教えてくれました。万葉集を勉強すれば、次は自分で短歌をつくってみようという課題が与えられ、どんどん先に進んでいきました。目標になる人を早い段階で見つけて、優秀な教育者のもとで勉強することが大切です。

第3章　創造を生み出す習慣

創造の心得⑫

頭のなかのカンバスを真っ白に

人間には、社会の一般常識とか、これまでの自分の経験に基づく「どうせこれはこうだろう」という先入観やかたくなな思い込み、雑念などが頭のなかに入っています。ところが人間の脳は、空っぽでなければ新しいものを注入することができないという限界があるのです。

新しいものを生み出そうとするとき、不必要なものが入っていると新しい考えは浮かびません。たとえ浮かんだとしても、頭のなかにしまう場所がないと無駄になってしまいます。

一度すべてをリセットし、脳のなかにあるカンバスを真っ白にしなければなりません。

そのために私は、「静の部屋」というものをつくりました。空中にはテレビや携帯電話の電波など目に見えないものが飛び交っていますから、脳波にも影響を与えないような部屋が理想的です。「静の部屋」の目的は、心を無の状態にする、つまり知性を自由にする（フリーダム・オブ・インテリジェンス）ことであり、それが発想のための下地となります。

次に頭のなかをかき回す「動の部屋」に入り、そこで私は世の中の情報を積極的にインプットします。「動の部屋」には最新のエレクトロニクス、ブルーレイ、サウンドシステムなどがあり、あらゆる映像や音楽を見たり聞いたりします。

「静の部屋」で雑念を取り先入観のない状態にして、「動の部屋」で脳をフルに活動させる。こうした頭のなかの「静粛化」と「ダイナミック化」の切り替えが脳の働きを活性化させ、創造力を伸ばすことにつながります。そして「静の部屋」で瞑想状態になったとき、ひらめきが降りてくるのです。

部屋が用意できない場合は、自宅や落ち着ける場所で静かに瞑想する時間をもつ一方で、「動」として、友人と話をするとか、旅をする、芸術を鑑賞するというような機会をもつことです。

創造の心得 13

スジ・ピカ・イキがセオリー

私の創造法の一番目には「スジ」がきますが、この「スジ」が重要です。スジとは理論のことで、スジが通る、つまり理論が通らなければなりません。そして、理論の上に理論を積み重ねて、理論が行き詰まったときに、ひらめきをスパークさせるのです。

二番目の「ピカ」、すなわちひらめきは、私自身が驚くような、今まで考えもしなかったような発想のことです。ピカのベースとして、まず理論の積み重ねが重要であり、時間を惜しんであらゆる勉強が必要になるのです。時間軸で考えると、スジは過去になります。過去の学者や知識人が提唱した学説や理論を徹底的に勉強することです。

「ピカ」と三番目にくる「イキ」は、時間軸でいうと未来です。過去にはない、今まで誰も言っていなかった新しい発想がピカなのです。そしてイキというのは、ピカであるひらめきが社会に生かされるかどうかということです。イキは単なる夢物語のような創造ではなく、社会における実用性があるのかということです。

たとえば、車に搭載する装置が、あまりにも高価だと、車自体の値段が高くなってしまい実用性に欠けることになります。新しい発想は、人類のために役立てなくてはなりません。単なる研究のための研究や、自己満足のための研究はまったく価値がありません。人類の幸せや安全、発展に役立つものであってこそ、創造に価値が生じるのです。

ですから適正な価格で、使いやすく壊れにくい耐久性に優れたもの、壊れた場合にはしっかりとしたメンテナンスが可能なものというのが、イキの条件になります。

創造の心得⑭

フリーダム・オブ・インテリジェンス

この章のはじめにふれたフリーダム・オブ・インテリジェンスについて、もう少し詳しく述べてみます。日本語では「知性の自由」と訳します。自由であるということは、そこに理性が居座っていてはいけないということです。たとえば、民主主義が正しいとか、資本主義が正しいというのは一つのセオリーですね。しかし、フリーダム・オブ・インテリジェンスにおいては、民主主義も一つの理論、資本主義も一つの理論であって、それが必ずしも正しいわけではない。

先般、自衛隊の幕僚長が政府見解と異なる論文を出したという理由で辞めることを余儀なくされましたが、政府見解そのものが正しいのかどうかという議論はされませんでした。

発想するときには、今までの学説や考え方をまったく忘れ去る、先入観を一切なくすということが大切です。忘れてしまうというと、まったく勉強しないのと同じじゃないかということになりますが、決してそうではありません。あらゆる分野のことを知り尽くした上で、そのなかでまだ論じられていない、研究されていない分野で発想せよといっているのです。勉強せずに思いつくのとは次元が違います。無知で何も知らずに考えることとは、似て非なるものです。

ですから創造は、普段からいかに勉強を続けているか、いかに努力しているかということが問われるのです。

創造の心得 15

最新の情報は海を越えて取りに行く

世の中はつねに進歩しています。一度勉強しただけでは、次の時代に乗り遅れてしまいます。ですから、勉強に継ぐ勉強が必要です。

ブンジニアをめざして文系、理系ともにカバーする広い二次元的な幅広さと、三次元的な深さです。広く浅くではなく、深い部分にいたるまで探究することです。そして、それに時間軸という四次元の要素が加わります。

創造のセオリーであるスジ・ピカ・イキのイキは、継続する力によって成果が大きくなるか否かが決まります。「継続力」があれば、立派な仕事ができるのです。

継続するためには、やはり「体力」が必要ですから、肉体的な鍛錬も忘れてはなりません。さらに、最新の世界の情報を知るための「語学力」、そして膨大な量の資料を読み込むための「記憶力」、「時間」、これらが理論を積み重ねるための重要なカギになります。

大学の先生が毎年同じ講義しかしないというのは、まさに権威主義であり、教授の椅子を取ったから、博士号を取ったから、それでかまわないというのは、形ばかりのつまらないものです。本当に勉強が好きならば、権威というよりも勉強の中身を探究すべきです。砂漠が水を吸収するように、知識を吸収してやまないという探究心が必要なのです。

私は、本以外に最新の情報をインターネットや国際電話を通じて積極的に入手しています。ある人が新しい説を発表したということを知ったならば、その話を聴くためにわざわざ海外まで飛んで行きます。
現代のようなスピード時代には、情報の遅れが創造の遅れにつながるので、なかなか気が抜けません。

創造の心得⑯
五感、六感、そして第七感

創造のためには観察力というものが非常に大切で、私はそれらをあわせて第七感といっています。視覚や聴覚などの五感はご存じでしょうが、加えてあと二つ。第六感というのは、いわゆる直感のことで、五感ではわからない感覚、つまりこういう感じがするだとか、予見するというのがそれですね。研ぎ澄まされた感性が、そうした先見性や予知能力につながるのではないかと思います。

私は先日、タイを訪れたときに素敵なガラスのテーブル見つけて、家にガラステーブルがあるのに購入しました。帰国すると、うちの子どもが家にあったガラステーブルを割ってしまっていたのです。こういうのが第六感でしょう。

もう一つ、第七感というのはワクワク感、ドキドキ感のことです。英語ではマグネティズム（magnetism）というのが最も近い感覚かもしれません。興味をもっているものに対して抱く感覚で、脳波はアルファ波でなくシータ波で、潜在意識にコンタクトするのに最適な状態のことです。

私はスジ、ピカ、イキのセオリーに基づいて創造していますが、イキというのは製品そのものが世の中に通用するということです。ワクワク感、ドキドキ感は、世の中の人がその製品を見て、思わず欲しくなるという感覚とでもいいましょうか。ぐっと惹《ひ》きつけられる魅力のことです。

魅力のない目的のものや、魅力のないファンクション（機能）などは、いくら性能が優れていたとしても売れないのです。

創造の心得⑰

「観察力」が発明に結びついた涙の物語

私が三井物産で、ヘリコプターによる農薬散布の装置を創造した話を述べました。そのときのエピソードから、創造のためにいかに「観察力」が必要かという話をします。

まず私は、ヘリコプターがセスナなどの固定翼機と比べて農薬散布での優位性があることを観察しようと、飛行場に毎日足しげく通いました。ある日、私がヘリコプターの離着陸を間近で見ようとしたとき、埃が舞い上がり、上の瞼《まぶた》に付着しました。この「上の瞼に付着した」というのが、観察力の重要なポイントです。通常、埃は目に入ると目玉か、下の瞼に付着します。なぜなら、埃は上から落ちてくるからです。では、なぜ上の瞼に付着したかという理由を私は探究しました。

ヘリコプターのプロペラはローターといい、このローターのダウンウォッシュ（空気が上から下へと叩きつけること）によって、ヘリコプターは上昇します。このダウンウォッシュの空気が一度地面でワンバウンドして、下から上に空気がもち上がる。私は、そのときに地面の砂埃がバウンドした空気とともに舞い上がり、上瞼に付着したという理論を発見したのです。

当時は、終戦直後で大変な食糧難の時代です。政府も食料の増産を呼びかけていましたが、畑で害虫が食料を食い荒らして十分な収穫ができないことが農家の悩みのタネでした。セスナ機による農薬散布はありましたが、風に流されて目的地点に正確に投下できないことや、運よく葉っぱの上に殺虫剤が付着しても、害虫はすばやく葉の裏に隠れてあまり殺虫効果がなかったのです。ですから、葉の裏に薬をつけるという創造が必要だったのです。

さて、いよいよ私が構築した理論に基づいて完成した農薬散布装置をつけたヘリが離陸しました。私は水中眼鏡をかけて葉っぱの下に潜みました。そして、葉っぱの下でゴホンゴホンと咳をしながらも、葉の裏に見事に付着した農薬を見て、あふれる涙を止めることができなかったのです。

結果的に新しい市場を開拓したことで、私の売り上げは三井物産で1番になり、売れなくて困っている同僚に黙って成果を分けるほどでした。このように観察をしっかりしていくことが、創造的営業のキーになったのです。

創造の心得 18

人生の時間は一分一秒まで使い切る

人生そのものを考える上で、どういう仕事をしたかという三次元の軸と、どれだけ長い時間を費やしたかという四次元の時間軸が重要になってきます。人間はいずれにしてもいつかは死ぬという寿命の問題がありますが、若い頃からそれを踏まえて日常を過ごしている人は少ないのではないでしょうか。

私も若い頃は永久に生きている感じがして、時間はタダみたいなものということで気にしませんでした。ところが年をとるにつれて、だんだんと自分の寿命が見えてくるようになると、わかってくるのです。お金は失ったとしても、また儲けることはできます。車をぶつけたとしても、修理すれば元に戻ります。ただ、時間だけは元に戻らない。時間は最高に価値のあるものであるということを、若い頃から知っておくことは大切です。

そうなると24時間をいかに効率よく過ごすかということが一つ。そして、いかに寿命を延ばすかというのが、もう一つの問題です。移動時間の細切れの時間は、私にとって貴重です。移動中には本を読むとか、電話をするなどして時間の無駄を除去しています。

私はそれをディバック（虫取り）といって、いかに大事な時間を捨てないようにするかをいつも考えています。無駄なことをやめる。たとえばアフターファイブの人づき合いもしないことで、大切な時間を節約するのです。

一方で寿命を延ばすための研究をし、35年間にわたって食事と血液の相関関係を調べ、その成果はハーバード大学でノーベル賞受賞者らが選ぶ「Igノーベル賞」を受賞しました。体によいものだけを食べて飲むこと、肉体の鍛練、悪い生活習慣を避けるということなどによって健康を保ち、寿命を延ばすことができるのです。

創造の心得 ⑲

企業の将来を決めてしまうタイムベース・マネジメント

時間の重要性を、ある自動車メーカーでの私の指導経験から一つご紹介しましょう。その企業は従来、新車の開発に1年8ヵ月かかっていました。私は、それを一気に8ヵ月に短縮するという提案をしたのです。

通常、自動車の生産ラインは設計者が設計図を書いて、その設計図面を工場に送り、それをもとに工場で加工製造がなされます。私は設計者と工作機械を電気的に結合し、設計者の指先と工作機械が同調して動くシステムを創造しました。これによって作業時間が飛躍的に短縮され、わずか8ヵ月で新車が納品できる工場ラインの実用化に成功したのです。

この時間短縮は、さまざまな効果をもたらしました。まず、開発期間が短縮されることで、開発費用そのものが圧縮され、自動車の価格を下げることができます。さらにミスが減り、ミスが生じてもすぐさま修正を加えることでトラブルが減りました。欠陥によるリコールは企業に大きな損害をもたらしますが、それらを未然に防ぐこともできます。

他社との競争においても、新製品が出現する頻度が高いものですから、圧倒的に優位に立つことが可能です。皆さんは、利益が黒字でも倒産する会社があることはご存じでしょう。資金繰りが続かず、銀行も貸さないという理由からです。それには時間が大きく関わっています。

売ったものをすばやく回収する、つまり経済活動をスピードアップすると手元のお金が豊富になるのです。政治でも先延ばしが問題になっています。

国の赤字財政について責任者がいかに早く決断するかで、国が繁栄するか衰退するかという未来に大きく影響が出てくるのです。

創造の心得 ⑳

継続力と体力が成果につながる

物事を毎日コツコツと続けていると、それはいつの間にかパワーに変換されていきます。今日一日やったことはたいした量ではなかったとしても、毎日続けるとパワーになるのです。

私は小学校から東大を卒業するまで、授業を一日も休まず、遅刻もしませんでした。ある日、東京が大雪に見舞われたときも、私は交通機関がストップすることを予想し、早朝の4時に起床して自宅のある学芸大学から東京大学のある本郷まで、7時間かけて歩いてたどり着き、欠席しませんでした。これはスジ・ピカ・イキのイキを完成するのに非常に重要なのです。

無遅刻・無欠席というのは学問を達成するという意味において、イキの部分をいかに大きな成果にするか。つまり、ここではいかに勉強がよくできるようになるかの成果につながっています。

この継続力において別の観点で大事なことは、継続するには体力がいるということです。若い頃に一生懸命スポーツをやっていたとしても、一年もサボってしまえば、たちまちメタボリックになってしまいます。

私は82歳になる今でも、1セットで総重量50トンを超える負荷のかかった

12種類のマシントレーニングと毎回2キロの水泳を欠かしていません。勉強するにしろ、リサーチするにしろ、ときとして徹夜も可能な体力が必要なのです。肉体的な鍛錬の継続はとても大事です。

第4章　創造への刺激

創造の心得 21

年をとることは素晴らしいこと

年齢を重ねてどうしても能力の減退を感じる人に対して、とっておきの話をしましょう。一般的に創造は20代をピークに下降傾向にあるといわれます。一説では20歳を過ぎると脳細胞が死滅し、脳の力が低下するといわれています。脳細胞は人間の細胞の中で唯一、再生機能がない細胞だというのです。

ところが、研究によれば脳細胞のなかで使われている領域はとても少ない。であるならば、細胞のシナプスという枝を伸ばす努力をすれば、トータルの細胞数が減ったとしても脳の力は落ちないのではないかというのが私の考えです。

木の枝でたとえると、枯れてなくなった部分を、枯れずに残った枝をより伸ばすことによって森全体をカバーするというイメージでしょうか。

哲学者カントは、彼が30代、40代のときよりも60代、70代のほうが論文の量も多く、質的にも優れたものを書いています。私は今でも、発明の数は衰えていないどころか、質は格段と上昇しています。

若いときは経験が足りなくて無駄な動きが多いのですが、年を重ねると無駄が少なくなります。たとえ脳の力が衰えたとしても、これをカバーする経験が大きなウエイトを占めることになるのです。

知性において、経験を深くすればするほどいい仕事ができるのだと思ってください。

創造の心得22

君はエキサイトしているか

人間の生活全般でいえることですが、ダラダラと日常を過ごしていてはダメです。エキサイト、つまり興奮や感激というメリハリが人生には必要です。

あまりに平坦な道を歩んでいくと、勉強でも会社の運営でもだんだんと停滞していきます。

これは竹の節にもたとえられます。節があってこそ竹はその先を伸ばしていける。その節の部分がエキサイト、興奮、刺激なのです。前述した七感を総動員して観察していけば、感激することが数多くあるはずです。

さて、エキサイトにも二通りあります。その一つが達成感というエキサイトです。自分のやった実績に対してエキサイトすることです。

もう一つは未来に対するエキサイトです。発明という創造は、カタチとして世の中に出るまで通常10年、20年という長い歳月がかかります。私も若くしてフロッピーディスクを発明したとき、とてもエキサイトしました。このエキサイトは未来に対するものでした。これで未来の社会が変わる、世界が変わるというエキサイトなのです。

芝居や映画を観て感動することもいいことですが、自分が何かを創造することを通じてエキサイトすることも重要です。小さいことでもいいのです。今、取り組んでいる仕事で、このように改善すればもっとよくなるのではないか、ということに積極的にチャレンジしてください。

創造の心得 23

遠近法で物事を見る

母が、私がまだ幼い頃に歴史の教育をしてくれました。もちろん一般的な史実を教えるのですが、歴史の舞台裏まで話が及ぶのです。たとえば豊臣家が滅ぼされたという教科書に書いてある平面的なことだけではなく、実は豊臣秀頼は秀吉の子ではなかったという背景なども詳しく解説するわけです。

なぜそうなったのかという原因の部分、つまり結果から遠い部分までたどることを遠近法といいます。今、アメリカ合衆国の衰退が予測されていますが、新聞やテレビなどマスコミの報道は、表面的な事象だけしかとらえていません。アメリカという国はもともと運がいい国で、タイミングよく戦争を通じて内需が拡大した国なのです。

今後、なぜアメリカが衰退するのか、近い将来、どういう状況になるのかは、遠近法を使って深く読み解かなければならないのです。最近では、私はＪＡＬの倒産を遠近法で前もって予測し、ロゴマークが不吉であるから直すように提言しておりました。

人生を長く生きた人は、あらゆる経験から人を見る目を養っている分、遠近法という深い物の見方ができると思います。

では、若い人たちが遠近法を使って物事の本質を見極めるためには何が必要かというと、やはり勉強を他の人よりもたくさんする以外にはないでしょう。20歳でも60歳と同じ量、つまり今までの人生の3倍分の勉強をすれば、時代の先を読む知識が備わると思います。時間を節約して、深く勉強する習慣が大切です。

創造の心得 ㉔

語学力によって開けてくるもの

とくに若い人にとって、語学力はこれからの時代には絶対に欠かせません。私は３歳から母に英語を教わっていましたので、語学力は一般の人より勝っていると思っていました。ところがいざアメリカに行くと、まったく役に立たなかったのです。最初の３年間はまったく喋れないというよりも、相手の言っていることを理解することができませんでした。聴くことができないということは、情報も入ってこないということです。

そこでＬＡ（ロサンゼルス）の国際弁論協会で特訓を受けるなど血のにじむような努力をして、やっと物になったのが13年目です。まず、自分ができていないということを認識して、その上に立って努力しました。

深い語学力を磨くことで、新しい世界も見えてきました。アメリカには、〝ブルーブラッド〟という血筋があり、今もってアメリカ社会の中枢にいて、ブルーブラッド語で話をしている。また、アメリカの映画界やボウリング界ではユダヤ人が大きな影響力をもっていて、ユダヤ語で話をします。

国際競争力という観点でも、日本の外交がなぜ弱いのかというと、的外れの人と折衝しているケースがほとんどだからです。私の論文がなぜアメリカで認められ、成功したか。その理由の一つは、語学力を深く掘り下げることによって肝心かなめの情報をしっかりと入手し、また、発表する語学力があるということもあげられるのです。

創造の心得㉕

チャンスの女神を見逃すな

運そのものは、誰に対しても同じく平等に訪れるものだと私は思います。ところが運のいい人、悪い人にどうして分かれてしまうのでしょう。

その分かれ目の一つが、「観察力」があるかないかです。観察力を養うには五感と第六感、そしてワクワク、ドキドキ感という第七感が大切だとすでに述べました。これは人事の採用にも当てはまります。その人の仕草や持ち味、いわば人間的魅力を見抜く力ともいえるでしょう。

私の研究所では、他の会社が採用しない、型にはまらない奇人変人を採用します。観察力において他社が見落としている何かを発見することで、相手の価値を見いだすことができます。

二つ目は、「動態予測力」があるかどうか。物事はつねに動いているわけですから、1年先、5年先と読める人が運のいい人、成功する人ということになります。

動態予測ができる人には共通の傾向性があります。一つは天性の勘が優れているかどうかです。また、過去の蓄積した知識が、将来の予測を可能にすることがあります。つまり勉強する努力をした人が、動態予測力をつけることができるというわけです。三つ目は、「朗らかで前向き」かどうか。朗らかさは友人の多さにつながり、ひいては情報量の多さにも通じます。物事を前向きにとらえる人には、不思議とチャンスが巡ってくるということも指摘しておきましょう。

創造の心得㉖
並行仕事とチャンネルの切り替え

私は現在、およそ５００件の発明案件を同時に抱えています。５００件を同時に進行しているわけではありません。物事というのはカーブ（曲線）で描けば山あり、谷ありという世界なのです。山のとき、つまりピークのときは忙しいわけですが、そうでもない谷の部分もある。ですから、その谷の部分に他の山をもってくれれば、多数の研究を同時に進めることができるのです。

たとえば、Ａという実験は試験管に薬を入れて３時間待たないと結果が出ないものだとします。その３時間の間にＢという実験をするというように、合間合間に埋め込んでいくわけです。そうすることによって、並列で多くの研究を時間を無駄にしないですることができます。

一つの研究が待ちの時間に入ると、チャンネルを切り替えて次の研究に移ります。複数の仕事にプレッシャーを感じてしまうタイプの人は、本人の努力によって仕事の処理速度を上げるとよいでしょう。

処理能力を上げるためには、やはりいろいろな知識を身につけることです。あらゆる勉強をしていると、調べることなく頭のなかにある知識を活用できるので、チャンネルの切り替えがすばやくできます。頭のなかに情報が詰まってくれば、キャパシティは広がり、処理能力はアップします。

人を使う立場であれば、キャパシティの大きい人には責任ある仕事を、小さい人には限定された仕事を与えることです。

創造の心得㉗

さあ、メモを取れ！　ただちに行動せよ

アイデアはいいものを出すけれど、いざこれを実行するとなると、おそらく7割以上の人はやらないのではないでしょうか。たとえば、書類をファイルしなければならないと思っていても、すぐにやらない人がいます。翌日になってもまだしない。これはやはり怠慢以外の何ものでもありません。

現代はスピードが勝負なのです。メモの取り方もラフに取るか、一言一句まで取るのかで違ってきます。

私は大学の授業では、教授の一言一句を全部速記していました。一言も漏らさずにメモを取ったことで、私のノートは東京大学で非常に有名だったの

です。試験のときには皆が私のノートを借りにきて、当の本人が肝心のノートを見られないということになってしまいましたが。

私は読書をする際、読みながら重要だと思うところにただちにマーカーで線を引きます。そして、読み終えた時点でもう一度マークした箇所を読み返します。このようにした本は、資料として保存します。必要に応じてつけてあるマークをピックアップし、これに基づいて行動を開始します。頭のいい人は必ずといってよいほどメモを取ります。いつでもどこでも、立ったままでメモをする習慣があればいいと思います。

私は発想をするとき、すべてひらめいたものをメモし、記録を残して貴重なアイデアを逃さずに蓄積してきました。メモをそのままにせず、見返して判断して、それに基づいて行動すべきなのです。明日でいいや、あとにしようと先延ばしをしていると、結局、何も実現できません。できることはただちに実行に移すことが大切です。

創造の心得 28

中松経はアイデア創造のプロセス

創造する過程で、にっちもさっちもいかなくなった場合、「ケチョウスピゾケピケアイキ」という中松経《きょう》を唱えるといいでしょう。アイデア創造のプロセスをリズミカルに覚えやすくしたものです。

最初に出てくる「ケ」は消すの「ケ」です。アイデア創造には先入観があってはいけない。すべての考えを、まずいったん消し去るということです。そしてアイデアが浮かんだら、その考えが間違っていないかを徹底的に調査（「チョウ」）します。いわゆるマーケット・リサーチです。以下、筋（「ス」）が通っているかを検証します。そしてひらめき（「ピ（カ）」）を出す。「ゾ」は造のことで、実際にアイデアをカタチにするために試作品をつくってみることです。そして、検査（「ケ」）によって実際につくったものを検査して欠陥を見つけます。

次の（「ピ（カ）」）は、再び壁にぶつかっても、それを超える従来の延長線上にないひらめきをもう一度出します。「ケ」は再検査です。「ア」はアセンブリのことで、細部にまで綿密に配慮し、最終的に総合判断をします。

そして最後の「イキ」は、コストが妥当か、欠陥はないか、アフターサービスも大丈夫かというように、完成されていて社会に生きる製品かどうかを確認します。

アイデアは、方向を見誤るとなかなかうまくいきません。最も少ない時間と労力と、最も少ない資金でアイデアを創造するには、この中松経に沿ったプロセスをたどると、より効率的です。

第5章 創造と逆境

創造の心得29

抵抗勢力に対するエンパワー

創造においては、抵抗勢力というものがこの世の中にいくつも存在します。その一つはネイチャー・ウォール（性向壁）といって、人間には心を開放せず、閉じ込めてしまう閉鎖性というものがあります。また、いつも同じでいたいという安定性を求める心があります。さらに今までこうしてきたのだからという習慣性、あるいはリスクを冒したくないという自己防衛本能や何もしない怠慢という傾向性もあるでしょう。この他にも周囲からの妬みなども大きな抵抗勢力です。

マスコミなどは元来、批判することをよしとしているようなところがありますから、創造のような新しい発想をなかなか褒めようとはしません。物質的な「資金」の問題、あるいは「協力者」がいない、また、「時期」や「タイミング」が今ひとつ悪いということもあるでしょう。

それらに対抗するものは何であるかを、具体的に述べてみます。

「勉強好き」、「継続心」、「努力」、「負けじ魂」、「ファイト」、「経験」、「信用」、「観察力」、「調査力」、「学力」、「体力」、「交渉力」、「先見力」、「几帳面さ」、「語学力」、「文章力」、「正しいモラル」、「時代を見る目」、「資金調達力」、「人材収集力」などがあげられます。

こういう精神や力、行動を複合的にかけ合わせることで、先にあげた抵抗勢力に勝る力が生まれてくるのです。

創造の心得 30

目の前に宝の山が積まれている

経営というのは孤独なものです。トップまで上り詰めると、なにしろ相談相手がいなくなり、すべての責任を自分が負わなくてはなりません。会社の状況が厳しくなるとたちまち心が弱くなり、友人や弁護士などに相談する経営者がいますが、往々にして失敗します。

一方で、頑固すぎて会社をつぶしてしまう経営者もいます。経営者というのは、世の中の変化に対して柔軟に対応していかなければなりません。アイアンとスティールを例にあげるならば、鉄のように硬いとボキッと折れてしまいますが、スティールのように柔軟だと折れずにすみます。ブレないというのは頑固なことではなく、しっかりとした視野があるということです。

最近は聞きなれないカタカナ言葉が増えていますが、文明がますます多様化している証拠です。社会が分化することにともなって、アイデアを創造する対象も増えています。

前向きに観察すれば、発明すべきものはいくらでもあるということがわかります。とくに経営者が、もうやることがない、どの世界も手がつけられているという後ろ向きな考えを持っていては、何も生み出すことはできません。
私はいつも目の前に宝の山が積まれていると思っています。文明はその発達の度合いによって、必要とすべきものが変わってきます。そこで、新しい創造の必要性が出てくるのです。つねに人よりも一歩、二歩、できれば三歩先を考え、先を見通すことが求められています。

創造の心得31

決め台詞《ぜりふ》を言ってはいけない

私の創造は、まず他人の創造をしっかりと尊重することから出発しています。誰かが何かを初めて創造したときに、やっかんだり足を引っ張ったりする人もいますが、その創られたものにたとえ欠点があったとしても素晴らしいと評価し、褒めるというのが私の精神です。

そのように人を激励すると、その人は勇気百倍で、さらによい創造をすることでしょう。他人の創造を素直に評価できる人が、自分でも発明やアイデアを生み出せる人なのです。人と争っていては、決していいアイデアやひらめきは出てきません。世の中に提供するものですから、世の中と調和するものでなければならないのです。

母は、私に「決して決め台詞を言うな」と教えました。決め台詞とは、相手を怒らせること、人間関係を悪くする台詞のことです。問題が起こっても決して短気を起こさず、いろいろな人の考えを受け入れる器が大事です。

創造の心得 32

撰難楽《せんなんらく》とは何か

世の中には、必ず難しい道と易しい道がありますが、世の中のほとんどの人は楽なほうの道を選びます。最近のアメリカにおける金融クライシスは、努力をしないでペーパー上で儲けようとして、結局破綻《はたん》してしまいました。易しい道というのは、得てして落とし穴があります。

また、易しい道ばかりを歩いてしまうと困難の経験が少ない分、トラブルにぶつかると、どう対処したらよいかわかりません。一方、難しい道を選んだ人は何度も困難を乗り切った経験から、守りを固めることができて、最終的には成功するのです。

ただ、私はやみくもに困難な道を選べばいいのだとはいいません。

その昔、山中鹿之助という武士が、お家再興のために「願わくば、われに七難八苦を与えたまえ」と祈りました。心境としては見上げたものですが、私の提唱する「撰難楽」は、難しくて苦労が多いからこそ、解決していく過程を楽しみながらやりなさいということです。

困難な道を厳しい山登りにたとえると、汗をかくのは嫌だとか、川を泳ぐのは大変だと言っているのです。そうではなくて、周りの景色に目をやると美しいものがたくさん見えてきませんか。そして、高い山の登ったあかつきには、見晴らしのいい景色が見えてくる。これが難しい道を選んだ成果として、スケールアップした喜びを与えてくれるのです。

難しい道を選ぶには、自分が成長しないと乗り越えられません。難しい道を歩めば、自然と自分も成長するのです。

創造の心得33

ナンバー1をめざそう

最近、若い人の自殺が増えています。その原因の一つに、私は忍耐力の欠如があるのではないかと思っています。さらに少子化も手伝って、親が子どもに対して厳しいしつけをしていないことが原因で、子どもは忍耐する力を失っているように見えます。だから、自分の人生すらもあきらめて、この辺でもういいやということで簡単に終わらせてしまう。

また、国全体に緊張感が欠けていて、社会全体が子どもたちを甘やかしています。頭が最も柔軟で吸収しやすい時期にゆとり教育などをやれば、子どもたちの頭も身体もたるませてしまうのです。

私はどんな仕事のときも、必ずナンバー１になろうという心がけでやってきました。オンリー１という言葉もありますが、それは〝逃げ〟だと思います。オンリー１でいいやというのは、向上心を失わせてしまう恐れがあるからです。

他の人と違うことをやればオンリー１になれるわけですから、クオリティの高さが必要ないということです。グラフで示すと縦軸が低くて、横軸が広がるということです。世の中というのは、バラエティに富んでいるだけでは決して発展しません。高さがあって初めて世の中は進歩し、先へ先へと進んでいくものなのです。

自分のキャパシティ以上に高い山に登ってこそ、360度の視野で景色が見られる。人間としてレベルアップすることで、喜びを感じることができるのです。

創造の心得 34

日本でベンチャー・ビジネスが育たない理由

日本でなぜ、ベンチャー・ビジネスが育たないのかというと、創造の方法を教わっていないということに原因があります。大学でも企業でもスジ、ピカ、イキという理論的な基礎を教えるところがありません。その上、資金を提供する銀行も創造の価値がわからず、お金をなかなか貸してくれないのです。

学校教育において独創的な教育をし、子どもの頃から自分で考えて工夫することを教えるべきなのですが、有名校に入ることが最終目標になってしまい、受験テクニックを学ぶというのが現状です。

5歳から10歳までの、いちばん頭が柔らかくて創造力を養うよい時期に、その訓練をまったくやらないのです。日本の大学は、もはやレジャーランド化し、真面目に授業を聞く学生はほんの一握りにしかすぎないというのは悲しいことです。

日本の教育は、頭のいい子も悪い子も中ほどで統一するしかないので、全体のレベルが下がってしまう。画一的なカリキュラムで底上げをしていけば、一見、平均値は上がるように見えますが、それでメリットを享受できるのは単純再生産の工業の時代です。

現代のように、未来へと挑戦していかなければならない時代は、上限をどこまでも引っ張り上げていく「天才」といわれる人間を育てなければならないのです。

第6章　創造に向かう精神態度

創造の心得 ㉟

不況こそチャンスとしてとらえる

経営者の方は今、不況という〝時代の剣ヶ峰〟に立たされています。経済活動が停滞し、物が売れない、仕事がないという状況が続いています。しかし、私はこの不況こそ最大のチャンスであると思います。

それはなぜかというと、不況になるとすべての会社が「このままでいいのか」と思い始め、経営の見直しを始めるのです。人員カットも一例で、見直すことでコスト削減をはかります。見直しをしない状態を固定化、見直しをするというのを流動化とすれば、固定化の時代には受け入れられることのなかった企画や商品などに対して、流動化の時代は「考えてみようか」という動きが始まります。これは新しい商売やサービスを始める一つのチャンスです。

もう一つは、人材登用におけるチャンスです。不況ですから、物が売れないと失業者は増えます。そういう状態のときは、頭のいい人と悪い人の差が明確に出てくるのです。

頭がいいというのは、一つの要素として素質というのがあげられます。二つ目が、日頃から勉強をしているかどうか。そして、三つ目が経験です。この三つのトータル量が多ければ多いほど、頭がいいということになるのです。ですから、たとえ素質があったとしても勉強量が足りなければ、頭のよさも半減しますし、努力をして経験を重ねていけば、必ず頭はよく働くようになります。

不況期においては、人材においてふるいをかけられる時期ですから、日頃から勉強を怠っていない人にとっては、よりよい条件で企業に就職できるチャンスでもあります。企業にとっても、よい人材を確保できるチャンスなのです。

創造の心得36

病気をコントロールして休日にシフトする

病気というものは、突然襲ってくる災害の一つです。病気に対する最大の防御は、日頃からふしだらな生活態度ではなく、しっかりと食事をとって健康を保つことです。

しかし、いかに正しい生活をしていても、外部の要因でどうにもならないことがたまにあります。私が海軍機関学校にいたときの話ですが、40度の高熱を出したことがあります。頭がガンガン痛い状態でしたが、私は炎天下で長時間、直立不動の姿勢のまま、その高熱を飛ばしてしまったのです。病は気からといいますが、精神力だけで病気を克服したのです。

そういう経験から、私はどんな病気にかかっても、ウィークデーには絶対に我慢できるという信念をもちました。精神さえしっかりしていると、熱があっても負けないのです。日曜日に精神をパッと開放させて病気になると、月曜日にはまたシャンとして気持ちを引き締めて学校に通いました。病気になることもタイムコントロールをして、年末年始や5月の連休を病気の集中日にするといいと思います。東京大学の講義でこの話をしたとき、受講生や教授まで笑っていましたが、私が小学校から大学まで無遅刻・無欠席だったのは、病気を自分でコントロールする強い意思があるからなのです。

人間はときどき、オーバーホールが必要です。病気もオーバーホールの一つではないかと思いますが、仕事に差し支えのないようにオーバーホールしましょう。

創造の心得37

学問のすすめとストレス対策

仕事でストレスを溜めてしまうと、うつ病になったり、極端までいくと自殺してしまう人がいます。その理由は、仕事を嫌々やっている場合や、職場の人間関係の悩みが多いのではないでしょうか。

そもそも仕事でストレスが出るということ自体がいけないのです。私にも嫌いな学問と好きな学問がありました。しかし、嫌いであっても勉強しないと知識が欠けてしまい、仕事や人生に支障をきたします。そこで私は好きな学問はもちろんのこと、嫌いな学問を徹底的にやりました。嫌いだということは、結局のところ、その学問の価値がわかっていないところに原因があります。嫌いだから面白くない。だから勉強しないという悪循環です。

しかし、嫌いな学問を徹底的に勉強すれば、そのなかに興味のある点や面白いところを発見することができるのです。するとその学問が好きになり、どんどん勉強するという好循環が生まれます。

仕事の場合も同じで、嫌な仕事と思わずに徹底してその仕事に深く取り組んでみるといいのです。必ずそのなかに発見があり、面白みが出てきます。仕事すると結果がついてくるようになり、仕事によるストレスが出ません。仕事でストレスを感じなくするもう一つの方法は、ストレスを生じないような仕事を選ぶことです。

ところが、現実には難しい問題です。そこで、会社の命令を自分が命じたことだと考えて仕事をすることをおすすめします。何らかの縁があってその会社に入ったのですから、会社は運命共同体です。会社の業績が悪くなれば、自分たちの仕事を圧迫します。言い換えると、会社の利益が出なければボーナスが減ったり、出なかったりするわけです。自分が頑張れば会社がよくなる、そう考えるとストレスもなくなるはずです。

創造の心得38

自分の足で地面にしっかりと立つ

人はとかく何かに頼りがちです。友人を頼りにする、会社を頼りにする。子どもは親に頼り、老人になると子どもを頼りにする。しかし、私は「自分の足で地面に立つ」ということが人生の基本だと思います。

私も三井物産にいたときは、至れり尽くせりの厚遇で、出世コースのエスカレーターに乗っていました。しかし、私はそれをあっさりと捨てて29歳で独立したのです。

会社の厚遇には感謝しますが、会社や組織、なかでも大企業などにいると信用とパワーがある分、そこに依頼心が生まれ、自立心を失いがちになることが人をダメにすると思ったからです。また、会社にいれば、やはり特定の組織、特定の枠のなかに入りますから、「知性の自由」が制限されます。このことが創造における最大の障害となるからです。

私は、仕事が自由で面白い、定年制のない理想的な会社を創ろうと独立の道を選びました。大企業を辞めると、外には寒空の風が吹き通しです。潤沢な資金もなく、売り上げもないゼロからのスタートになりますが、どこからもプレッシャーがなく、遠慮せずに自由な発想ができます。たとえ圧力や嫌がらせがあったとしても平気です。

絶え間ない勉強と経験を積み重ね、広く深い知識と確固たる信念をもっていれば、気持ちにゆとりが出ます。私がマスコミに対して正論を言えるのも、恐れるものがないからです。自分の足で立つことが、知性の自由を保ち、創造のために重要なことなのです。

創造の心得39

和して同ぜず

人とのつき合いにおいて難しいと思われたときは、交渉における秘訣を参考にしていただくとよいでしょう。

日本人は昔から和の精神を重んじ、相手を傷つけてはいけないとか、世間体を気にするということで、集団で動く傾向があります。むしろ集団から離れる人は非難される状況ですが、それは偏見です。自立心というのは、正しい方向に自分の信念をもって動くというわけですから、本来、尊敬されるべきなのです。

私は交渉する態度を、次のように分類しています。「和して同す」「同して和せず」「同して和す」「和して同ぜず」の四つです。

「和して同す」は、仲よくしてその結果、同じ意見になる。つまり、自分の意見がないということです。「同して和せず」は相手の意見に同意しながら、交渉後に物別れになってしまうことです。「同して和す」というのは相手の言いなりになることをいいます。

私がおすすめする交渉に臨む姿勢は、最後にあげた「和して同ぜず」という態度です。これは独立心、自立心をもっていても、他人とつき合わないとか、他人の意見を聞かないというのではありません。「和して同ぜず」ですから、自分の意見をしっかりともち、その上で相手の意見も聞き、人として仲よくつき合うということです。しかしながら、それでもって相手の意見に流されるということではなく、自分の考え方をしっかり伝える交渉をするのです。

第7章　創造と幸せの確かな関係

創造の心得 ㊵

創造は感動から生まれる

創造において欠かせないものは、感動する心です。感動する気持ちの大きな人は、センシティビティ、つまり感度がとてもよく、物事が起こったときにそれをキャッチする観察力が優れています。人生は感動の連続であるべきだと私はつねに思っています。

感動の連続のなかにも、とくに強い感動のことをノードといいます。節のことですが、非常に大きな感動がアイデアを誘発するのです。そうした感動に気づくためには、やはり感受性を養うことが大切です。繊細なものに耳を傾ける、心の耳で聞くという姿勢ですね。それを自分のなかに取り入れ、蓄積していくと、あるときに爆発を起こして創造に変化していくわけです。

私の発明のなかにも、感動がもたらした代表的なものがあります。私は音楽が好きで、ベートーベンの第5番をずっと聞いていました。日本では「運命」と呼ばれる、クラシックでもとくに有名な協奏曲です。昔のレコードはSP版といって、溝を針が走って音を出す仕組みでした。それを聞いていると、ピアニシモのフレーズで、パチパチというスクラッチノイズが気になってしかたがありませんでした。これも観察力で見つけ出した一種の感動です。

そこで、スクラッチノイズをゼロにしようと発明したのが、フロッピーディスクです。

もう一つは、皆さんもご存じのフライングシューズです。健康のためにジョギングを推奨した人が42歳の若さで亡くなりました。これはショッキングな出来事でした。原因をリサーチすると、ジョギングによって体重の３倍×70％という荷重が、頭や腰、膝にかかるという事実が判明しました。そこで、体に負担がかからないように靴の下にバネをつけて、フライングシューズの発明が生まれたのです。

創造の心得 41

創造を志す人は運がいい

運がいいとか悪いとかいいますが、運というのは万民共通なのです。時間の流れや世の中の流れというものは同時に来るもので、ある人は運がよくて、ある人は運が悪いという分かれ目は、その人が時間の流れ、物事の変化に乗っているかどうかの違いです。

「創造」をつねに考えている人は、観察力に優れています。その観察力と観察した結果をどうやって分析するかという分析力、そして分析した結果に基づいていかに行動するかという行動力、この三つをもっているかどうかで、運がいいか悪いかが決まるのです。

「創造」を生み出す人は、必ずしも偏差値の高い人ではありません。また、学歴がない人がそうだとも限りません。「創造」を生み出すのは、次のような人です。

生き生き潑剌《はつらつ》で、颯爽《さっそう》とした生き方をしている人
自分の人生を価値あるものとしようとする人
自分がやりたい目標を高くもっている人
継続する心があり、つねに勉強し努力する人
エネルギーを出し惜しまず、積極的な人
朗らかで明るい考え方をもつ人
心が清く正しく、強靭な人

人格円満で、人をけなさず、調和をはかる人
ユーモアにあふれ、人を和ませる人
他人の痛みがわかる心優しい人

創造の心得42

ユーモアは周りを和ませ、自分も元気になる

世の中というものは複数の人で成り立っています。ですから、お互いがいがみ合っていれば、うまくいかないのは当然のことです。そこでユーモア、笑いというものが大切な潤滑油の役割を果たします。

お互いが信頼し合い、そして理解し合ってこそ、複数の人の共同作業がレベルアップするということです。自分のことばかりではなく、相手の利益になる話をする。相手が楽しくなるようにする。私が人に会う場合は、懇切丁寧に接して、筋道立った話をします。

ですから、実際に会うと、真心を感じていただけるようです。また、知的なジョークが通じると、お互いに信頼関係が生まれます。お互いの思考レベルをチェックする上でも、笑いは有効なのです。

マザー・テレサが微笑みについて述べた書には「あなたの唇に浮かぶほのかな微笑が、あなたの心を元気づけ、すてきなユーモアのなかにあなたを包み込み、あなたの魂に安らぎを呼び起こし〈中略〉そして、自分たちのいるところでは、笑いがいっぱいにあふれるようにしなさい」と記されています。

昔から「笑う門には福来る」といいますが、あなた自身が福の神になればいいのです。福の神とは、相手の幸せを願うという心境のことです。すると相手の態度もコロッと変わりますし、「創造」するための環境はどんどんよくなっていくのです。

創造の心得 43

人のために損得を考えない生き方もある

人は生まれてきたときから、自分の得になることを考えます。自分の欲得を考えないということは、非常に難しいことなのです。貨幣が生まれてこのかた、貨幣が物との交換に役立つために、物がほしい代わりに貨幣がほしいということで単に儲けたいという風潮が強くなりました。しかし、これだけだと人と人とのトラブルが起こり、最後には戦争に発展することもあります。ですから、損得を考えないこと、自分が得をして相手が損をすることばかりを考えないことが大事です。

相手が得をするということは、愛を与えていることにも通じます。私の「創造」の基本は、相手にどれだけ役に立つか、相手がどれだけ楽しんでくれるかということです。私は武士の家系に生まれましたので、金儲けをするという教育ではなく、義の心、つまり社会正義を貫くという教育を受けました。就職のときも当時の月給で1万2千円の日立製作所から入社を誘われましたが、私が選んだのは月給６７００円の三井物産でした。また、物産では私の独創的な仕事ぶりが上司にも評価され、社内でも別格扱いで優遇されていたにもかかわらず、私は29歳で独立。どこからも資金提供も受けず、裸一貫で今までやってきたのです。

世間では割の合わない仕事だと評されましたが、「創造」でもって世の中をよくし、人々を幸せにしようという使命感を自覚するということが、損得を考えないという生き方につながったのかもしれません。

創造の心得 44

正しいことはやがて理解を得られる

インチキや人を騙すことをやっていれば、批判を受けるのは当然のことです。しかし、ときとして正しいことをやっている人が、批判を受けるということはあります。私の「創造」によって世の中に数多くの製品が出ていますが、本物であってもそのときに価値を認めてもらえないということも少なくありません。思いもよらない批判、あるいは嫉妬のようなものをぶつけられることがあります。そうしたマイナスの思いに打ち勝つためには、一つは絶対的な確信が必要です。超然とした態度をとること。超然とは周囲の動静には関与せず、平然と独自の立場を貫くということです。そしてもう一つは、時を待つということです。その時点では批判していても、やがて時間の経過とともに、真実がわかってくるということがあります。ですから、「創造」については、自らの正しさを超然として貫くという姿勢が大事なのです。

正々堂々と生きるためには、正直でなければなりません。親切でなければなりません。愉快でなければなりません。溌剌とし、颯爽とし、生き生きとしていなければなりません。そして勇気と信念をもっていなくてはなりません。よい人生とは創造的意欲が基本なのです。嫌いな相手がいても、快活に対応するとよい関係になります。私と親しく接している人は、ほとんどの人が幸せになっています。お金も貯まり、心も豊かになります。それは、私がいつも「相手に幸せになってほしい」という気持ちで、その人と接しているからです。

創造の心得 45

真面目さと素直さの二つがあれば成功する

人間が生きていく上で必ず複数の人とつき合うことになりますが、そもそも相手がどんな人間かというのはわかりません。果たしてこの人は約束を守ってくれるのだろうか、お金を貸せば返ってくるだろうかと。そんなときに判断基準となるのが、「信用」です。私たちが社会で生きていく上で、信用がまず基本になります。その第一歩が、時間に正確かどうかということ。私はまず人を見るときに、時間に正確かどうかをポイントの一つにしています。ルーズな人は、時間にもルーズです。時間すら守れない人は、ましてや約束の中身など守れません。

時間などのルールをきちんと守るというのが真面目さですが、もう一つ大切なものが素直さです。素直に相手の言うことを聞くことです。偏見をもって情報をインプットすれば、結果として不真面目なアウトプットが生まれます。流行のカラオケでもそうですが、今はマイクにエコーがかかっていて、誰もが歌を上手に歌えるように聞こえます。ところが、実際に生で聞くと、そうではないということがわかりますね。今はCDというデジタル音源ですが、昔のアナログのLPのほうが音楽の生の臨場感、つまり本物の音の醍醐《だいご》味《み》が味わえるのです。

少なくともしっかりとした勉強を前提として真面目さ、そして偏見のない素直さの二つがあれば、あなたの人生は確実に成功に近づいているということがいえると思います。

創造の心得 ㊻

反省できる人間が創造できる

私は戦争中に海軍に入りましたが、そこで叩き込まれたのが「五省《ごせい》」というものでした。五省というのは日本独特の海軍の掟《おきて》です。一つ目は、「至誠に悖《もと》るなかりしか」。たとえば約束は守ったか、人を騙したり、ルールに反することをしなかったか、国に尽くしたかということです。二つ目が、「言行に恥づるなかりしか」。今日発言した言葉と行動が一致せず、恥じるようなことをしなかったか。三つ目が、「気力に欠《か》くるなかりしか」。ネバーギブアップ。気力が充実していたか。四つ目は、「努力に憾《うら》みなかりしか」。ギリギリまで努力をしたか。9までいったからもういいやというのではなく、10

まで頑張るということです。そして、最後の五つ目が「不精に亘《わた》るなかりしか」。物事をいいかげんにせず、きちんとするということ。不精にならず、やるべきことをやるということです。

この五省を毎晩、寝る前にベッドで口に出して唱え、朝からの自分の言動を振り返って、一つひとつ確かめます。もし、間違いを犯していたならば、明日からは決して間違えないぞと強く決意します。優秀な人は自然とレベルを高くしていきます。目標のハードルを次々と高くしていくわけです。私はこの五省を今でも続けています。毎日、自分を磨き続けることで、人間としてのレベルアップを成し遂げるのです。

第8章　創造の神秘

創造の心得 47

科学は世の中の1％しか解明していない

私は、いかに科学が発達したといっても、この大自然の1％くらいしか解明されておらず、残りの99％は解明されていないものだと思っています。世の多くの科学者たちは、世の中は科学的に証明できるといいますが、それは科学をよく知らない人の意見です。まだ科学では解明されていない99％の領域を、私は未踏科学と呼んでいます。実際、分子や原子の先にあるもの、物質の究極はまだ完全に突き止められていません。

その未踏科学である死後の世界については、非常に興味のある分野の一つです。人はどの段階で死んだといえるのか、死んだときにはどうなるのかという科学に基づいた研究はいろいろと発表されています。そのなかで代表的なものとしては、臨終のときには、死んだ人がベッドの斜め後ろの天井に上がり、ベッドに横たわっている自分の姿を斜め下に見るという科学的実験結果があります。死者が何をどう見ているかというのを、映像装置などを用いて実証したのです。また、仏教ではよくいわれていますが、科学的実験でも、お花畑のようなものを死に際に見ているということは確認されているようです。まだほんの序の口であり、死後の世界がどのような世界なのかというのは、これから科学がメスを入れていかなければならない分野だと思います。

創造の心得 48

地球は宇宙の一部である

地球は宇宙の一部です。地球にいる人間は、宇宙全体から影響を受けています。たとえば太陽からは光、熱をはじめ、さまざまな周波数の波が地球に届いています。ところが宇宙には太陽だけではなく多数の星が存在します。そうした星と太陽は同じような生成過程を経ているわけですから、当然、そうした星からも太陽と同じようにエネルギーが発せられて、地球に到達しているはずです。今まではソーラーエネルギーというように、太陽からのエネルギーだけが注目されてきましたが、これからは他の星のエネルギーにも着目しなければなりません。私はそういうトータルなエネルギーを総称して、宇宙エネルギーといっています。人類は他の星からのエネルギーを、もっともっと活用する余地があるのです。

そして、宇宙には全体を支配する法則があり、その法則を支配する宇宙エネルギーの根源主体が存在します。その根源主体のもつエネルギーの延長線上に、人間の生命エネルギーがあるのです。つまり、宇宙を支配する法則のなかで、人間の生命も息づいているのです。宇宙のエネルギーは、つねに積極的に生成を続けています。

ですから、人間もつねに積極的であらねばなりません。人間の生命の働きは、本来は宇宙と共鳴するということです。人間は宇宙の真理に順応して、つねに積極的な発展をめざすことが必要なのです。

創造の心得 49

最後にピカの正体を明かそう

たとえば、会議をしていてもよい発想は出ないし、トイレのなかで一人になって考えてもなかなか発想が浮かばない。発想を生めない人にとって、「ピカ」というひらめきが出るというのは大変な謎だと思います。しかし、私の体験からいえば、発想というものはそんなに苦労して出すものではありません。ねじり鉢巻きでアイデアを出したり、会議をして言葉を戦わせるものでもないのです。

「ピカ」とは、今まで考えもしなかったことが突然、頭にパッと出てくる。従来の考え方や理論の延長ではないものが、突然ひらめくというものなのです。

理論回路に組み込んでいない、まったく別のものが出てくるわけですから、大脳生理学的にも説明できません。神さまのお告げだとか、天から降ってきたといわざるを得ないのです。私は第4章（創造の心得27）で、メモを取る習慣の大切さを述べました。突然にひらめいたときに重要なのは、その場ですぐにメモを取ることです。天から降ってきたひらめきは、すぐに忘れてしまうからです。

将来、科学的に解明されるかもしれませんが、現時点では素直に神さまからいただいたものだということを述べておきましょう。

創造の心得 50

神の臨在、ひらめきの瞬間

私のひらめきの瞬間を言葉で表現すると、頭に突如、雷が落ちてきて、その衝撃で全身が震えるという感覚です。これがひらめきを受けた瞬間、厚い壁を破った瞬間です。あらゆることを考えても、壁の厚みはどんどん増すばかり。それがあるとき一瞬にして崩壊する。今まで一生懸命に考えても思いつかなかったものが、突然解決するわけですから、これはもう大変な喜びです。

ただ、その厚い壁のなかにはスジの蓄積、つまりあらゆる分野を勉強した理論が入っています。厚みを増していったのは、研究や勉強の蓄積でもあるのです。どんなに蓄積をしても、勉強をしても、自分の力では「ピカ」は出てこない。それを神さまだと表現したのですが、神さまが現れるためには人間的な努力をしなければならないのです。努力しなければ、神さまは絶対に助けてくれないということですね。

今まで蓄積したスジが広い平坦な状態だったのが、一瞬にして「ピカ」によって結合され尖ったものが「創造」です。そして、それが世の中に役立ってこそ、初めて完成となるのです。

あとがき

私の身の回りで不思議な出来事が数多く起こりつつあります。

今般、私は「sir（貴族）」の称号をマルタ騎士団から授与されました。これはマルタ騎士団のナイトで、貴族として与えられるものです。私が幸福実現党発足時に参加したとき、大川隆法総裁先生が「ドクター・中松は白馬の騎士として幸福実現党を助けに来てくれた」とおっしゃいましたが、今回の「sir」の授与で私は本物の騎士になったのです。

また、2010年の3月には、チベット仏教最大宗派ゲルグ派の教主より、チベット仏教の最高位「金剛大阿闍梨」の位を授与されました。日本人としては、１６００年前の弘法大師以来のことです。授与に際して教主からは「最近の日本人は心がすさんでいる。親が子を殺したり、子が親を殺したり、犯罪がどんどん増えている。ぜひ日本人の心を清めてほしい」と言われました。

私は日本の国民の心を清めるために、全国行脚を行っています。

本書は、これからの新しい時代に向けて、創造の心で世の中を良くしていこうという思いを込めてつづりました。本書がその一助になることを心から願っています。

ドクター・中松

ドクター・中松（中松 義郎 博士）

昭和３年、東京都生まれ。東京大学卒業。国際創造学者。工学、法学、医学、科学、人文学博士。５歳で最初の発明をし、灯油ポンプ、フロッピーディスク、カラオケ、ファクシミリ、カテーテル、無線消化器体内検査装置、人工心臓、燃料電池など発明件数3367件以上で、エジソンの1093件を抜き世界第１位を誇る。ＩＢＭ社に16の特許をライセンスしている世界唯一の個人としても知られる。米国科学学会が「世界一の偉大な科学者」に選定。2005年にノーベル賞受賞者らが選ぶ「Igノーベル賞」を受賞した。N.YやL.Aなど米国17市州が「ドクター中松記念日」を法律で制定。米国各市州が名誉市民に選定。上級教授としてコロンビア大学、スタンフォード大学、ペンシルバニア大学ウォルトン校、東京大学など日米18大学で講義を行う。ニューズウイーク誌の「世界１２傑」に日本人から唯一人選ばれ、その価値１時間１万ドルと評価された。2010年、ドキュメンタリー映画「The Invention of Dr. NakaMats」が世界40ヵ国で公開中。

クリエイティブパワー

2010年6月7日　初版第1刷

著　者　ドクター・中松
発行者　九鬼　一
発行所　幸福の科学出版株式会社
〒142-0041　東京都品川区戸越1丁目6番7号
TEL. (03) 6384-3777
http://www.irhpress.co.jp/

印刷・製本　中央精版印刷株式会社

落丁・乱丁はおとりかえいたします。

ISBN 978-4-86395-051-1 C0030

大川隆法最新刊・新しい国づくりのために

宗教立国の精神

この国に精神的主柱を

なぜ国家には宗教が必要なのか？
政教分離をどう考えるべきか？
すべての疑問に答える一冊。

第一部　なぜ政治に進出したのか
　第１章　天命を信じよ
　第２章　悟りと政治の関係
　第３章　愛と成功
第二部　宗教を背骨とした国づくりを
　第４章　仏の教えと時代性
　第５章　宗教立国の精神
　第６章　千年王国の理想について
第三部　今こそ、真なる精神革命のとき
　第７章　法輪転じる時は今
　第８章　不屈の精神を磨く
　最終章　必勝の精神

2,000 円

創造の法

常識を破壊し、新時代を拓く

斬新なアイデアを得る秘訣、究極のインスピレーション獲得法など、仕事や人生の付加価値を高める実践法が満載。業績不振、不況など難局を打開するヒントがここに。

第１章　創造的に生きよう
第２章　アイデアと仕事について
第３章　クリエイティブに生きる
第４章　インスピレーションと自助努力
第５章　新文明の潮流は止まらない

1,800 円

※表示価格は本体価格（税別）です。

大川隆法ベストセラーズ・混迷を打ち破る「未来ビジョン」

幸福実現党宣言

この国の未来をデザインする

政治と宗教の真なる関係、「日本国憲法」を改正すべき理由など、日本が世界を牽引するために必要な、国家運営のあるべき姿を指し示す。

1,600円

政治の理想について

幸福実現党宣言②

幸福実現党の立党理念、政治の最高の理想、三億人国家構想、交通革命への提言など、この国と世界の未来を語る。

1,800円

政治に勇気を

幸福実現党宣言③

霊査によって明かされる「金正日の野望」とは？ 気概のない政治家に活を入れる一書。孔明の霊言も収録。

1,600円

新・日本国憲法 試案

幸福実現党宣言④

大統領制の導入、防衛軍の創設、公務員への能力制導入など、日本の未来を切り開く「新しい憲法」を提示する。

1,200円

夢のある国へ——幸福維新

幸福実現党宣言⑤

日本をもう一度、高度成長に導く政策、アジアに平和と繁栄をもたらす指針など、希望の未来への道筋を示す。

1,600円

「宇宙の法」入門

宇宙人とＵＦＯの真実

あの世で、宇宙にかかわる仕事をされている６人の霊人が語る、驚愕の真実。宇宙人の真実の姿、そして、宇宙から見た「地球の使命」が明かされる。

1,200円

国難に備えよ

幸福実現党　総務会長　矢内筆勝
広報本部長代理　饗庭直道
政調会長　黒川白雲

日本の安全保障を問う！

このままでは民主党政権が日本を滅ぼしてしまう。「中国の覇権主義に備えよ！」「外国人参政権で日本が消える！」「日米同盟を堅持せよ！」のテーマより、日本に迫る国難の正体を明らかにし、日本を守る手立てを示す。

定価 600 円（税込）

図解・対話式

政治のしくみ 超・入門

幸福実現党　日本の未来を本気で考える★プロジェクト 編

「政治・経済のことがよくわからない」というあなたに、超カンタン★政治の授業。現在の日本の経済、教育、外交＆国防の問題点と解決法を徹底解説。イラストや図解を使った対話式でわかりやすい一冊。

定価 800 円（税込）

ハーバード大学人気No.1講義

HAPPIER《ハピアー》

タル・ベン・シャハー 著
坂本貢一 訳

――幸福も成功も手にするシークレット・メソッド

1400名のハーバード大学生が本講義に殺到！『ニューヨークタイムズ』ベストセラー、全米メディアが大絶賛の話題作。日本でも、書評メガブロガーたちに取り上げられ、大手ネット書店ビジネス・経済・キャリア部門ベストセラー第２位を獲得。成功して幸福になる秘訣が明かされる。

定価 1,575 円(税込)

最善主義が 道を拓く

タル・ベン・シャハー 著
田村源二 訳

――ポジティブ心理学が明かす、折れない生き方

「不幸の正体」は完璧主義にある!?　現代人が陥りやすい「完璧主義」とその処方箋としての「最善主義」を徹底解説！　ハーバード大学人気No.1講義『HAPPIER』に続く第2弾。

定価 1,785 円(税込)